千镇千面

艺术介入城镇
发展研究

徐忠义

著

清华大学出版社
北京

内 容 简 介

探索建立具有中国本土特色的城镇化道路，是当今诸多城镇管理者和学者关心的焦点之一。以乌镇管理者为代表的先行者，通过探索以艺术的力量助力新型城镇发展模式，成为时代课题和学术课题的重要引领。他们将本土传统文化与现代艺术元素融合，推动乌镇区别于其他城镇的差异化发展，形成竞争壁垒，增加多重文化体验和发展路径，充分展示城镇特色与文化自信，增强文化软实力。毫无疑问，艺术介入作为一种有益的尝试与实验，正以独特的方式为城镇发展提供可持续发展的动力。本书通过系统研究艺术介入城镇发展的案例，并进行理论分析，为城镇的转型、升级、发展提供全新的、多样的、与众不同的视角和参考路径。

本书可供从事城镇规划、乡村建设开发、旅游规划等工作的专业人士学习参考，也可供对城镇和乡村建设与发展课题感兴趣的读者阅读。

图书在版编目 (CIP) 数据

千镇千面：艺术介入城镇发展研究 / 徐忠义著. —北京：清华大学出版社，2024.5
ISBN 978-7-302-65182-6

Ⅰ. ①千… Ⅱ. ①徐… Ⅲ. ①城市化—研究—中国 Ⅳ. ① F299.21

中国国家版本馆 CIP 数据核字 (2024) 第 001562 号

责任编辑：李 磊
封面设计：杨 曦
版式设计：孔祥峰
责任校对：成凤进
责任印制：杨 艳

出版发行：清华大学出版社
        网   址：https://www.tup.com.cn，https://www.wqxuetang.com
        地   址：北京清华大学学研大厦A座   邮   编：100084
        社 总 机：010-83470000   邮   购：010-62786544
        投稿与读者服务：010-62776969，c-service@tup.tsinghua.edu.cn
        质 量 反 馈：010-62772015，zhiliang@tup.tsinghua.edu.cn
印 装 者：三河市铭诚印务有限公司
经   销：全国新华书店
开   本：185mm×260mm   印   张：11.5   字   数：244千字
版   次：2024年5月第1版   印   次：2024年5月第1次印刷
定   价：168.00元

产品编号：103089-01

序一

2018年，中华人民共和国文化和旅游部正式挂牌成立，标志着我国文旅融合的进程已然跃升到国家战略层面。2021年文化和旅游部发布的《"十四五"文化产业发展规划》中明确提出"坚持以文塑旅、以旅彰文，推动文化和旅游深度融合、创新发展"。事实上，文旅融合不仅是国家的宏观政策，更是我国新型城镇化建设中，充分契合发展实际的一条科学大道，是建设"美丽中国"、实现"乡村振兴"的肯綮，是实现中华民族伟大复兴、全体人民共同富裕的创新引擎。

新时代以来，随着新型城镇化建设如火如荼地开展，艺术之于经济社会发展的价值与意义在行业实践和学术研究中逐步达成了更加广泛的共识。2021年，习近平总书记在考察清华大学时强调，"要发挥美术在服务经济社会发展中的重要作用，把更多美术元素、艺术元素应用到城乡规划建设中，增强城乡审美韵味、文化品位，把美术成果更好服务于人民群众的高品质生活需求"。同年，我在全国两会上发出"加强艺术赋能乡村振兴"的倡议，并推动中央美术学院成立"乡村振兴研究院"，意在通过艺术的力量持续推动中国乡村高质量发展。

在幅员辽阔的中华大地上，有无数具有深厚人文历史和地方文化特色的城镇及乡土建筑，这些城镇和乡土建筑的建设理念，无不体现了"天人合一"、人与自然相融合的生活理想，也积淀出多样的乡土生活方式和丰厚的乡村文化遗产。对于这份珍贵的资源，一方面要保护和传承好，使之成为当代城镇建设的源头活水，另一方面要根据时代变迁、生活变化的实际，注入新的文化元素，使绿水青山与当代家园建设两相并茂，使城镇的发展散发文化魅力。

徐忠义博士早在几年前便开始对艺术与社会之间的关联保持积极关注，他以乌镇为重点研究案例，提出了"艺术介入城镇"的观点，我是大力支持和鼓励的。艺术的介入实际上是一种美的介入，是将艺术、美术的优秀形式融入城镇规划与建设发展中。艺术介入，不应拘泥于美术领域的某一个门类，而应当从"大美术"的概念出发，让艺术参与城镇的发展，为城镇的发展赋能；要以城镇的自然生态和文化传统为基础，立足于继承和发扬本土文化的历史沉淀与人文内涵，在城镇发展指导思想和政策的指引下，强化物质文明和非物质文化遗产的根脉与本源价值，使艺术创新成果与乡土文化和谐、默契地融合。在这方面，各地有许多成功的经验，但在快速的发展中也表现出不少问题，其中，"千城一面""千镇一面""千村一面"等现象特别为社会所关注，由此需要在认知校正、理论研判、实践方式上形成更大的共识，走出中国的城镇现代化之路，这也是文旅融合发展的潜力所在。

具体而言，文旅融合实践有成熟的理论指导——产业融合理论，即某一产业体系内不同行业间或不同的产业体系间相互交叉、渗透融合，最终形成"大生态圈"，形成产业发展新业态、新体系的综合过程。以文化为灵魂，旅游为载体，构建的"文化+旅游"产业模式，既打破了传统模式下行业间所固有的壁垒与界限，增强了产业的关联性和资源的流动性，又满足了人们日益增长的对多样化、品质化和个性化生活的需求，有助于持续拓展消费空间，优化行业、产业结构，形成城镇发展与文旅发展相得益彰的新格局。

徐忠义的著述紧密遵循这一理论，他在书中指出乌镇被赋予的文化内涵不应局限于单一的古镇概念，而要集美术、设计、戏剧、影视、多媒体等多元文化艺术形式于一体。他的研究聚焦乌镇对当地传统文化与地域特色的充分挖掘，分析了乌镇在艺术介入上的科学做法，也阐述了"乌镇现象""乌镇形象"作为新的文旅资源的有效性，为城镇发展向"千镇千面"转型提出了对策性思路。他在博士论文的基础上形成的这本专著，对我们从理论和实践两方面进一步深化艺术介入城镇发展研究提供了有思考、有案例的启发。

艺术创新与当地资源的有机结合，可以有效规避"千镇一面"的困局。在这一过程中，离不开地方政府与高校艺术智力的紧密协作。我们的高等艺术院校应该肩负起新时代所赋予的新的文化使命，将学科建设与经济社会发展的实际需求相结合，将创作、研究和跨学科人才的培养与城镇高质量发展相结合，鼓励大学生投身城乡社会发展的第一现场，以问题导向助推学术立意，在解决问题的过程中提升学科水平，为"美丽中国"建设和现代文明建设贡献力量。

中国美术家协会主席
中央美术学院原院长
2024年3月

序二

艺术介入城镇发展是一个老命题，欧美国家对此的研究要早于我国，有很多经典的案例被纳入城市发展、艺术管理等不同的研究视野中。艺术介入城镇发展的中国实践是近十多年的事情，尤其是新时代以来，中国城镇发展高速演进，从特色小镇向文化产业、文旅融合转向，进入高质量发展的新赛道，形成"千镇千面"的新发展格局。

本书以"千镇千面"为题，以乌镇案例为主要研究对象，对中国城镇化进程中艺术介入的典型案例层层剥茧，把乌镇这一特定的研究对象置于艺术及艺术产业发展的语境中考量，深入挖掘其发展过程中的历史资料，不仅可以让读者了解乌镇的成长过程，还能帮助读者在艺术介入的理论研究上有所精进。作者基于对象—理论、认识—发现、概念性—专业性、朴素—创新的辩证关系，试图开启艺术介入城镇发展研究的新方法。

事实上，现在关于艺术介入城市的相关实践和研究著述较为丰富，艺术以多种方式介入城市的"微更新"具有较为普遍的应用"素材"。但以往的研究对城市更新，尤其是大中城市的再生发展非常重视，而对艺术介入城镇发展，特别是农村乡镇的城市化进程则涉及较少。毫无疑问，本书对这一研究领域有填补和增益之功。

本书的作者徐忠义是中央美术学院艺术管理学的博士学位获得者，其在攻读期间就专注于艺术产业与城镇发展的研究，他力图将艺术介入城镇发展的相关研究整合成完整的理论系统，并把理论引向清晰、确定、深化的实证+论证的研究过程。这个过程并非他的"灵机一动"，而是以乌镇为支撑点，对艺术介入城镇的理论进行的梳理、总结，乃至升华，凸显其理论的深度和实践的价值。

中央美术学院艺术管理与教育学院院长
中法艺术与设计管理学院院长
2024年3月

前　言

　　近年来，中国城镇化建设进入转型发展的关键阶段，以人为核心高质量推动新型城镇化，切实提升建设质量，使其向着多元融合、和谐发展的方向迈进，是当前中国城镇化建设的首要任务。但当下，我国仍有很多地区为了促进旅游业发展，盲目追求经济效益，或过度实施商业化、破坏性的城镇开发，或不加区分地对其他地区热点项目进行盲目的借鉴与移植，导致自身优势资源被固化的商业模式遮蔽，传统文脉与文化积淀不断流失，中国城镇的发展一度陷入"千镇一面"的同质化囹圄。

　　中国城镇的现代化发展道路理应充分立足本土文化，从具体实际出发，积极探索并最终建立契合时代精神、具有中国特色的新型城镇化模式。在这一过程中，艺术既可以深入人民群众，呈现现代化城镇的崭新面貌，弘扬中国优秀本土文化，也可以介入城镇发展，与本土文化结合，探索文旅融合新模式，深度挖掘市场潜力。以浙江乌镇为代表的一系列文旅小镇，通过艺术介入的方式，成功塑造了城乡人文景观，强化了当地文化印记。"乌镇模式"为新时代中国城镇的发展提供了一个成功范本，其强调以艺术之美发掘、继承、弘扬中华传统文化之优长，充分发挥艺术在调和人与自然协调发展、构建和谐社会方面的重要作用。

　　相较于传统模式，以艺术介入城镇发展可有效突破固有思维定式，以更为广阔的视域深入问题本质，以立体的、跨学科的思维达成开放性共识，从而真正改善和提升城镇生态，为中国城镇化建设注入鲜活的现实发展动能和未来发展势能。艺术介入作为一种有益的探索、尝试与实验，正以其独特的方式为中国新型城镇化道路贡献鲜活、生动、与众不同的多元案例和可行路径。

　　本书在查阅、搜集大量相关文献的基础上，分类梳理，聚焦乌镇，从历史与现实的纵向对比、此地与他地的横向对比，以及国内与国外的综合对比等角度开展对艺术介入城镇的历史考察。同时，注重借鉴文旅融合理论，经济学、社会学等相关跨学科研究成果，继而建构艺术介入城镇发展的理论。笔者以乌镇为例进行实证案例研究，提供现实参照，通过文献、调查、访谈、对比等研究方法，从"艺术介入"的角度揭示艺术旅游的社会文化属性，从城镇可持续发展的角度开发根植本土文化成长的艺术力量并对城镇发展进行再介入，进而探索艺术小镇的构建模式，为中国未来城镇发展提供新思路，为艺术介入城市发展的研究做铺垫。

徐忠义

2023.10

目　录

绪　论

　　城，在《说文解字》里有"以盛民也"[1]的说法。随着人们生活水平的提高，容纳臣民的简单作用已经无法满足人们对"城"的期待，城不仅有对外防御的作用，还拥有内部的各种规划和精神层面的多重内涵。几千年以来，人类尤其是中国的先祖们，始终都在尝试把精神元素融入城市的设计中。《周礼·考工记》关于理想帝王都城的设想是"匠人营国，方九里、旁三门，国中九经九纬、经涂九轨，左祖右社，面朝后市"[2]。这里不仅体现了约束臣民和保卫宫禁的思想，更是融合了《周易》象数思想、西周礼乐制度和先秦人文审美思想等诸多内在元素，反映千年前"城"的设计理念。在其后历代的城市设计过程中，居民和统治者的各种需求不断启发城市设计者的设计理念，由此，人文、艺术、生活等越来越多地被设计者和后来的改造者所考虑。比如，随着生产力水平的提高和城市经济的发展，规整的坊市制度被打破，突破宵禁限制的繁华大都市应运而生。市民生活、哲学观念、统治思想、自然美感……不断为城镇发展带来新的挑战，而"城"也在挑战中不断演变。一个个问题和需求的出现，一次次的解决与满足，让人类从最初的洞穴和氏族聚落中走出来，住进了社会分工越来越细化的城镇，拥有越来越丰富的物质和精神享受。直到现代，"城"随着时代的发展进入城镇化发展的独特进程，出现了与古代截然不同的发展阶段。

　　20世纪以来，城镇化进程加快，人文、艺术、社会、生活等都对城镇化进程中的环境变化和空间演变带来了不同层面的挑战。面对新的挑战，城镇需要一股新生的力量应对和解决城镇在快速发展进程中所面临的现实问题，而"艺术介入"在某种程度上能够调动城镇发展的新活力，让传统发展模式焕发新的生机，这也许可以为城镇的发展注入鲜活的现实发展动能和发展势能。艺术介入城镇发展，以艺术的方法、思维和理论应对挑战；突破以往城镇化进程中固有的传统思维模式，以艺术的视域深入挑战，设置多重可能选项，以全方位、立体式的跨思维交叉模式达成"开放式"共识，从而促进城镇生态的整体改善。艺术介入作为一种有益的探索、尝试和实验，正以独特的方式为城镇发展提供可持续发

[1] 万献初，刘会龙. 说文解字十二讲[M]. 北京：中华书局，2019：370.

[2] 马樱滨. 从理念到实践：论元大都的城市规划与《周礼·考工记》之间的关联[D]. 复旦大学，2008.

展的动力，并为城镇的转型、升级、发展提供全新的、多样的、与众不同的视角和参考路径。

第一节 研究背景、研究现状与面临的挑战

一、研究背景

目前，中国有近300万个行政村和自然村，按户籍人口计算，农业人口高达7亿人，占比50%左右，平均每个村人口近220人，建制镇(包括乡集镇)近3万多个。[1]这意味着，城镇的发展是当下不可忽视的重要问题。那么，城镇要发展成什么样子？要如何发展才能避免发展中的问题？有没有可以借鉴、参考的经验？对这些问题的探索有着非凡的意义和价值。笔者基于中国城镇化发展的特殊背景，展开艺术介入城镇的分析和探索，以期为后来的研究者提供新思路。

从历史发展的角度看，从1978年至今，改革开放从农村走向大城市，又在城乡发展不平衡的情况下再次进入农村，这使得文旅产业突破了大城市的束缚，进入了广袤的农村。城镇和乡村的进一步发展，不仅是实现文旅产业发展的关键，更能振兴文化，实现文化与经济两条腿走路。[2]

从时代变迁和城镇发展方向的角度看，文化是城镇建设过程中不可缺失的重要因素。在居民生活水平随着物质发展水平的提高而飞速发展的时代，文化和旅游消费占据越来越重要的地位，而文旅也成为很多城镇发展计划中的关键项。如果能够妥善处理文旅在城镇发展中的地位以及文旅与其他要素的关系，自然能够产生不可估量的收益。文化与旅游的融合是否顺利，能否得到良性发展，从某种意义上说，也是一个地区的经济发展模式能否顺应社会发展和市场需求的重要体现。

其实，当下的城镇化进程还没有完成，文旅的发展仍处在相对基础的摸索阶段，其发展模式不具备直接大规模推广、利用的条件。国家和地方显然都意识到了文化消费在新时代经济体系中的意义和价值，重视文旅是城镇发展的必然要求，文旅经济的高质量发展也是城镇发展的必然趋势。

基于此，不难发现，正确看待我国现有的文旅发展状态，全面梳理相关研究材料和思路，深入探究实践案例，分析国内外现有案例的得失，完善这种艺术介入的文旅融合模式，对探索城镇发展道路和进行相关艺术研究都是非常必要的。

[1] 刘勇. 走可持续发展之路，推动新型城镇化高质量发展[J]. 中国发展观察，2022(8): 5-8.

[2] 林一. 文旅融合中的艺术管理学科发展[J]. 艺术管理(中英文)，2022(3): 39-42.

文化是旅游的内在灵魂，旅游也是文化的重要载体。将"文化"和"旅游"作为一个整体，使其共生共存、深度融合，不仅有利于推动中国文化体制改革的进程，加快文化产业的发展速度，促进传统旅游向产业化转型升级，还能够满足人们日益增进的文化消费需求，推动中国传统文化传承、保护和迭代赓续，进一步提升中华民族在国际上的影响力和文化软实力，有助于构建社会主义和谐社会。[1]

推动文化和旅游融合发展是以习近平同志为核心的党中央作出的重大决策。当前，文化和旅游融合发展态势良好，逐步形成了和合共生、质量双升、相得益彰的良好发展格局。文旅融合为产业转型升级拓展了新空间、为城乡融合发展增添了新抓手、为经济社会发展注入了新动能、为人民幸福生活汇聚了新活力。

《2019年旅游市场基本情况》[2]中的数据显示，2019年全年以旅游为增长点的经济增速继续高于全年GDP的增长速度。这一年，仅国内旅游人数就突破了60亿大关，较上年同期增长近9个百分点。而全年旅游总收入超过6亿元，同比增长11%。同时，旅游业对国内生产总值的综合贡献超10万亿元，在整个国内生产总值中占比达11%。直接和间接促进就业人数超9千万，占国内就业人口的10%。全国旅游收入将继续保持稳定增长态势。

国家统计局于2023年2月28日发布的《中华人民共和国2022年国民经济和社会发展统计公报》显示，2022年末全国文化和旅游系统共有艺术表演团体2023个；能够进行公共书籍分享的全国公共图书馆也达到3303个，读者到访量为72 375万人次。公报尚未披露博物馆的相关数据，从之前的统计数据来看，截至2021年底，共有博物馆3671个，文化馆总数为3503个。2022年，全国规模以上文化及相关产业企业营业收入121 805亿元，占国内生产总值的10.06%；全年国内游客25.3亿人次，国内旅游收入20 444亿元，其中，城镇居民游客19.3亿人次，消费16 881亿元。[3]

根据中国旅游研究院的调查，超过80%的被调查者表示曾在日常生活中参与文化体验活动。文化领域的消费额占据了旅游总消费额的30%之多。[4]以农业为主导的四川省大邑县，近年来努力做好文博产业，现已建成博物馆78个，拥有1000余万件藏品。可以看出，文博产业开始成为旅游业的重要发展方向。从2018年的数据来看，各旅游景区(点)共接待国内游客1947.35万人次，实现旅游综合收入633 477.82万元；接待境外游客83 580人，旅游创汇3624.03万美元。

[1] 张宏梅，赵忠仲. 文化旅游产业概论[M]. 北京：中国科学技术出版社，2015：34.

[2] 中华人民共和国文化和旅游部. 2019年旅游市场基本情况[R/OL]. [2020-03-10].

[3] 国家统计局. 中华人民共和国2022年国民经济和社会发展统计公报[R/OL]. [2023-03-28].

[4] 马婷婷，蒲利利. 河西走廊文旅产业融合发展的路径研究[J]. 兰州文理学院学报(社会科学版)，2022，38(1)：95-101.

经过长期发展，文旅融合已经探索并形成了多种模式，如文化主题游、文化体验游等文化旅游产品模式，将文化要素融入景区建设和升级的旅游升级模式，通过展演活动将艺术文化元素传播给游客的文化活动模式，注重文创产品开发的创意产业模式，致力于不同地区文化和旅游资源交流的文旅交流模式等。从已有成果来看，文化和旅游的融合不仅可以促进地区旅游业的发展，还可以推动地方文化产业的发展，有效提升城市形象和品牌价值。随着文旅深度融合，文化旅游成为文化产业和旅游产业新的经济增长点与重要支撑。"文化"和"旅游"的融合发展，可以有效地将文化相关产品的转型、创新和开发与文化产业的总体发展相结合。"文化产品"作为一种升级后的精神物质，在服务于大众的同时，也可以促进大众对相关产品及周边的消费，特别是在大力倡导大众旅游的时代，"文化"和"旅游"带来的消费容量更是不可忽视。"文化"和"旅游"的融合发展已经成为国民经济的重要支柱。以繁荣文化市场为导向，融入旅游相关元素，在现代化产业升级与发展的进程中建设文化产业体系，"文化+旅游"的融合发展模式必定促进和推动文化产业及旅游相关产业的规模化发展。[1]

二、研究现状

本书立足于国内外相关研究文献、综述，将Web of Science数据库、中国知网(CNKI)数据库，以及国内外其他权威学术数据库作为文献检索和相关资料扩充来源，并利用可视化工具VOSviewer对本研究相关的文献进行关键词共现可视化呈现。在这一过程中，笔者将搜索关键词进行了针对性拆解、重组和再定义，得出与本研究紧密相关的搜索关键词为文旅融合、文旅城镇、艺术介入、艺术城镇、艺术乌镇。

文献资料检索过程中，筛除与本研究词频重合度低、关联性弱、精准度模糊的不必要的文献资料，最后形成基于文旅融合、文旅城镇、艺术介入、艺术城镇、艺术乌镇的知识图谱网络体系，如图0.1所示。

本研究基于"文旅融合、文旅城镇、艺术城镇、艺术乌镇"进行词频共现知识图谱网络体系的构建[2]。文献资料检索设置：词频重合度高、关联性强、精准度高。文献资料检索时间跨度设置：不限制。文献资料检索语言范围设置：国内、国外。

[1] 王德刚. 文旅融合发展助推文化强国建设[N]. 中国旅游报，2017-05-12(3).

[2] 数据来源：Web of Science 数据库、中国知网(CNKI)数据库，以及国内外其他权威学术数据库。绘制工具：VOSviewer。

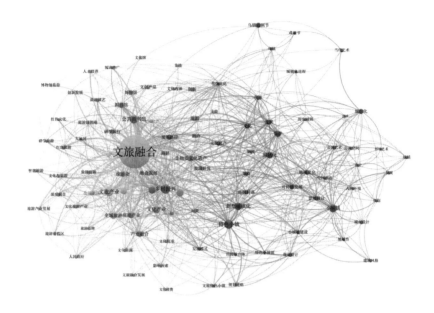

图0.1 本研究的知识图谱网络体系

(一) 国内研究现状

1. "文旅融合"方面

关于"文旅融合"的相关研究文献共5518篇,检索条件为"文旅融合",检索范围为中文文献。

2009年至今,2018年是该领域研究的临界点,2018年以前对"文旅融合"的研究处于较低的水平,2018年以后呈明显上升趋势。与2018年相比,2022年的研究热度增加了近14倍。"文旅融合"研究趋势如图0.2所示。

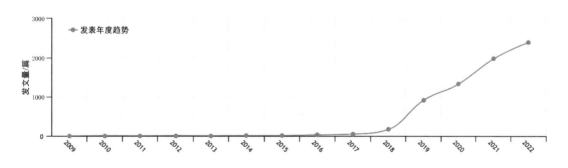

图0.2 "文旅融合"研究趋势

文化与旅游融合的现象早已出现,并呈现蓬勃发展的迹象,同时许多问题也随之而来——出现这种现象的背景是什么?融合的方式有哪些?产生的弊端和带来的收益是什么？学术界关于"文旅融合"的研究日益增多，这些研究主要从文化、旅游产业视角出发，选取经典的地区作为案例，采用数据分析、理论模型建构等多种方式，研究的重点集中在文化与旅游的关系是什么、文化能否与旅游融合，以及怎么趋利避害地进行融合等问题上，研究涉及领域如图0.3所示。

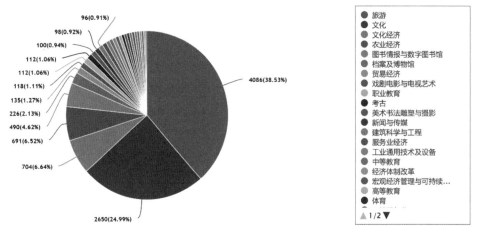

图0.3 "文旅融合"研究涉及领域

经过阅读、筛选，整理出对"文旅融合"研究具有参考价值的文献(著作)、会议等，如表0.1所示。

表 0.1 关于"文旅融合"的研究文献

名称	《旅游产业与文化产业融合发展研究》
作者	张海燕、王忠云
主要内容	旅游产业是一个文化性很强的经济产业，同时也是一个经济性很强的文化产业。文化产业如何在旅游中发挥作用并不断壮大，旅游产业如何增加自己的文化含量，以及两大产业如何实现融合发展是具有现实意义的课题
名称	《旅游产业与文化产业融合运作模式研究》
作者	张海燕、王忠云
主要内容	旅游产业与文化业融合运作的具体模式：文化旅游圈融合运作模式、项目开发融合运营模式、文化旅游节庆与会展推广模式、文化旅游产品创新吸引模式等
名称	2012年关于文化与旅游产业融合的研讨会
举办方	东北师范大学
主要内容	旅游开发与文化产业发展、旅游与地域文化研究、旅游文化与教育、旅游规划与社会文化影响、旅游企业的文化品牌建设、旅游史研究

名称	《基于文化意象的旅游产业与文化产业融合发展研究——以武当山为例》
作者	钟晟
主要内容	以文化意象为基础，从理论、实证与实践三个层面对旅游产业与文化产业的融合发展进行了全方位的系统研究，并以武当山为例，提出了武当山区域旅游产业与文化产业的融合路径
名称	《我国文化产业与旅游产业融合发展分析》
作者	卢红梅
主要内容	与文化产业细分行业相比，文化产业与旅游产业整体融合程度较高，但是内部细分产业融合度偏低，应该进一步挖掘文化产业内部细分行业的旅游价值，加大与旅游产业的融合程度
名称	《西南民族文化产业与旅游融合发展模式及其社会文化影响》
作者	邢启顺
主要内容	西南民族地区文化产业是在旅游业的带动下发展和兴盛起来的，同时，民族文化产业也赋予了旅游产业丰富的内涵，二者形成互动融合发展的局面
名称	《武陵山片区文化产业与旅游产业融合发展研究》
作者	尹华光等
主要内容	分析了文旅融合的途径，如资源整合、市场整合、营销整合、政策整合等，以促进文化产业、旅游产业的快速发展
名称	《文化产业与旅游产业的融合与创新发展研究》
作者	李锋
主要内容	对文化产业和旅游产业融合路径、互融共生机制、融合模式及融合发展措施进行了系统的研究，是文旅融合理论研究领域的一部重要著作
名称	《旅游产业与文化产业融合发展的理论分析与实证研究》
作者	桑彬彬
主要内容	从理论层面分析了旅游产业与文化产业的融合现象，构建了旅游产业与文化产业融合的动力系统，并探讨了旅游产业价值链与文化产业价值链的融合过程

2."文旅城镇"方面

关于"文旅城镇"的相关研究文献共56篇，检索条件为"文旅城镇"，检索范围为中文文献。

国内对于"文旅城镇"的系统性研究开始于2015年，起步相对较晚，涉及旅游、文化、宏观经济管理与可持续发展等领域。与国内关于"文旅城市""文旅产业""文旅融合"相比，"文旅城镇"领域的研究数量虽然整体处于上升趋势，但热度和关注度相对较低，整体处于缓行阶段，研究趋势如图0.4所示。

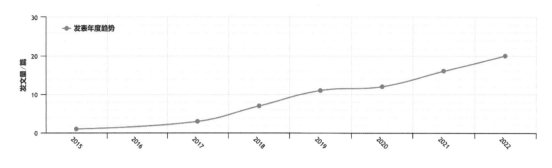

图0.4 "文旅城镇"研究趋势

"文旅城镇"到底是怎么出现的？在文旅融合的大背景下，如何看待这些"文旅城镇"的出现和发展？在城镇建设的过程中，是否存在棘手的问题？"文旅城镇"在各个维度分别有哪些好处？如何最大限度体现文旅对城镇发展的意义和价值？诸多此类问题涉及城镇相关的社会学、经济学、人类学、自然地理学等层面，研究涉及领域如图0.5所示。随着文旅融合的深入，"文旅城镇"相关的课题不断增多，学术界还在持续对此展开研究。

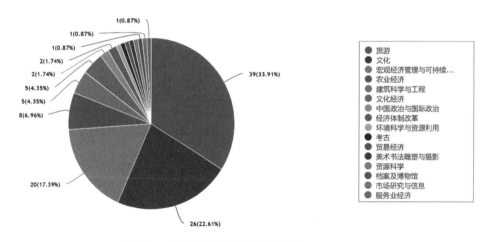

图0.5 "文旅城镇"研究涉及领域

当下，文旅融合背景下的"文化""旅游""艺术"介入"城镇"，对于城镇多元发展的研究空间巨大。国内的研究多以具体的实际案例为主，体现在"文旅特色""乡村城镇振兴""品牌提升""文旅转型"等方面。经过阅读、筛选，整理出对本研究具有参考价值的文献(著作)，如表0.2所示。

表0.2 关于"文旅城镇"的研究文献

名称	《依托文旅产业优势推进新型城镇化建设》
作者	王德刚
主要内容	从我国当前经济社会发展的客观基础和目标要求出发，作为新型城镇化道路的一种优选模式，因地制宜，培育以文旅特色县城为载体和基地、以文旅特色产业为主体的县域经济体系，协同推进新型城镇化和乡村振兴融合发展
名称	《城镇化与文旅融合发展的动态关联研究——基于产业融合视角的PVAR模型分析》
作者	陈红玲、郑馨
主要内容	从产业融合视角构建"文旅融合"评价指标体系，在分析"文旅融合"时空演变的基础上，运用面板向量自回归(PVAR)模型，通过脉冲响应和方差分解分析变量间的关系。研究发现，我国文化和旅游融合水平偏低但呈上升趋势，其特征为东高西低
名称	《江南古镇文旅融合发展特色小镇的对策研究》
作者	张苗荧
主要内容	江南古镇在中国特色城镇的发展中发挥了重要作用。历史上，江南古镇通过城市化旅游的发展确立了自己的产业特色。江南古镇具有发展遗产旅游和创意旅游，实现文化、旅游一体化，促进产业升级，满足体验文化和旅游消费需求，融入特色小镇发展体系的条件
名称	《文旅特色小镇对城镇化的推进机制研究》
作者	韩俊艳、吴宜夏、郝清
主要内容	传统城镇化以农民从乡村向城镇转移的"异地城镇化"为主，造成了城市用地无序扩张、资源短缺等一系列大型城市病。文章以百里峡艺术小镇和四季圣诞小镇为例，分析了由政府主导的服务景区型和由企业主导的乡村旅游综合体两种乡村旅游驱动就地城镇化的模式，对有类似开发条件的乡村可持续发展和城镇化建设有重要的借鉴意义
名称	《试析中小城镇特色发展中的文旅融合》
作者	刘敏
主要内容	我国中小城镇特色发展过程中，当地传统文化和历史遗迹等特色文化是保障发展的重要因素。保护中小城镇历史传统文化遗址、遗迹是我国中小城镇特色发展的重要一环。针对当下我国中小城镇特色发展中旅游业和传统文化有机融合的方法进行详细分析，希望对我国中小城镇的特色发展提供助力

3. "艺术介入"方面

通过检索获得"艺术介入"的相关研究文献共1271篇，检索条件为"艺术介入"，检索范围为中文文献。

"艺术介入"到底是什么？应如何处理艺术与其他领域的关系？如何让艺术发挥更多元的价值？国内对"艺术介入"话题的探讨始于1985年，那时的研究主要从艺术理论层面出发，聚焦艺术家(作者)与作品(艺术本体)间的内在"切磋"的互动性关系，研究趋势如图0.6所示。这些研究大多结合艺术的本质属性，回答了艺术介入的概念和作用等问题，也从多角度对艺术介入的作用方式和产生的价值进行了不同程度的分析。本书所研究的艺术介入文旅、城镇化发展的角度，正是其中之一。

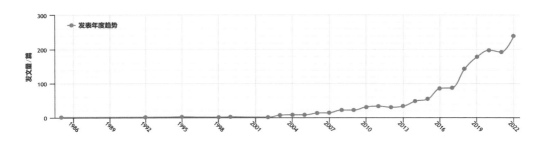

图0.6 "艺术介入"研究趋势

随着对"艺术介入"领域研究的不断深入和关注度的提高，其研究视角、涉及领域及研究方式也变得越来越丰富，越来越多元。"艺术介入"的背后，是否存在更多的可能性？学术界对于艺术在更广泛的领域和实际领域中的应用价值的关注度也不断提高。在国家政策的大力倡导下，学术界不断探索艺术介入城镇发展、经济建设等方面的问题，思考更多的可能性和更高效的方式。经过近四十年的发展，国内的"艺术介入"研究已涵盖在地性、公共艺术、城镇发展、乡村振兴等数十个方面，研究涉及领域如图0.7所示。

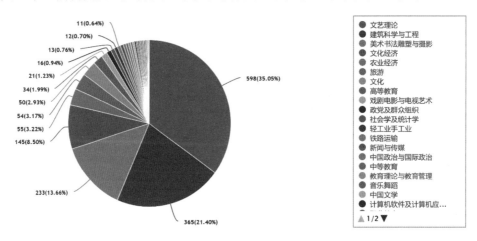

图0.7 "艺术介入"研究涉及领域

近年来，一系列国家层面相关政策的出台，更是助推了"艺术介入"各领域的全方位探索和发展。现将对"艺术介入"研究具有参考价值的文献(著作)进行整理，如表0.3所示。

表 0.3　关于"艺术介入"的研究文献

名称	《阿多诺对"艺术介入"的批判》
作者	常培杰
主要内容	"介入艺术是他律的艺术,但是从宽泛的介入概念讲,艺术越是自律的,越是介入的,自律艺术即介入艺术。"每个领域都有自身发展的逻辑,自律艺术本身就具有社会性,这不仅是一种社会现实,而且只有在借助自律艺术的基础上,介入才能实现。艺术自律和介入二者是辩证统一的关系,从艺术的本体角度来看,艺术是对社会的一种反思。艺术从起初的模仿阶段发展到反思阶段,本身就是一种认识形式,认识必然关涉现实,现实必然关涉社会,因此没有不具有社会性的现实
名称	《论中国当代艺术的介入性》
作者	叶洪图
主要内容	艺术在本质上就有介入性,关键是以什么方式介入,介入后会有哪些利弊。艺术介入涉及知识学术与意识形态的关系、学术与权力的关系等诸多方面的问题。在当下,艺术的本质应当结合我国的语境来谈才具备更深层次的意义,首先是艺术介入作品的艺术价值所在,然后是强调对社会现实若干重大问题的干预和批判,最后才是对人的作用
名称	《"艺术介入社会":新敏感与再肯定》
作者	王春辰
主要内容	介入的实质是艺术与社会的关系问题,这是现代艺术一直面对的问题。作为思维方式,艺术介入社会是对社会现实的一种干预,也是对融入其中的艺术的功能与意义的拓展和延伸,对任何问题的思考和反应也就是观念介入
名称	《"介入性艺术"的审美意义生成机制》
作者	周彦华
主要内容	现当代艺术史的一大特点便是艺术具有了介入性。现当代艺术通过对艺术介入生活和社会的强调,扩展了艺术与生活的边界。这种展现艺术与社会关系的艺术思潮的动力也来源于现当代艺术作为一种现代性的产物对资本主义社会的批判。艺术是社会生活的反映,艺术与社会共生
名称	《新类型公共艺术介入小城镇公共文化建设的策略研究》
作者	谭彬
主要内容	在中国城镇化进程和小城镇公共文化建设不断推进的语境下,探讨新类型公共艺术介入小城镇公共文化建设的目的、策略和意义,同时还探讨目前实践中的种种问题
名称	《公共艺术介入城市文化建设的形式——公共艺术规划模式探究》
作者	王旻
主要内容	通过对国外公共艺术案例的研究,反思我国公共艺术建设的现状,总结可借鉴之处,发现存在的问题,探究中国的公共艺术如何介入城市文化建设,并提出以新兴的、研究领域尚为空白的公共艺术规划的概念介入,定义公共艺术规划的理念,探究其具体的执行模式,以期为城市公共空间的公共艺术设计从方法论上构建一个系统化的新方式,将先前公共艺术设计独立介入城市文化建设的模式转变为以公共艺术规划整体介入的新模式

(续表)

名称	《新型城镇化进程中公共艺术介入城市公共空间营造——深圳市南山区文化体育广场公共艺术设计》
作者	熊时涛
主要内容	以深圳市南山区文化体育广场公共艺术空间营造项目为例，探讨在全面深化改革的背景下，如何适应新型城镇化战略对城市文化建设提出的新要求、带来的新挑战。阐释这一语境下，公共艺术对传承城市发展文脉、建立城市区域认同感的作用
名称	《20世纪90年代以来公共艺术引发城市触媒效应的内在机制研究》
作者	汪锦雯
主要内容	深入讨论"城市""公众""公共艺术"三者之间的关系，认为公共艺术与城市，一直以来都存在紧密的联系：公共艺术的核心是生发于公众的"公共性"，而公众则是城市的使用者和建设者，是城市的主体。三者之间的环式关系链，使得公共艺术与城市呈现一种相互依存和相互促进的关系。通过对20世纪90年代后公共艺术实践典型案例进行分析与研究，回答"公共艺术是否可以引发城市触媒效应"和"公共艺术怎样引发城市触媒效应"这两个问题，并探究公共艺术引发城市触媒效应的关键机制
名称	《公共艺术介入城市文脉的传承》
作者	任超
主要内容	通过研究公共艺术介入城市建设，来找寻城市文脉的传承方式和方法。探讨艺术家与大众以及政府制定的政策等多方面因素影响的公共艺术创作的可能性，为解决城市文脉传承问题找到公共艺术的介入方式，并解决过程中可能出现的问题
名称	《艺术介入乡村建设的多个案比较研究》
作者	王宝升、尹爱慕
主要内容	根据"最大化变异"原则挑选了艺术乡建典型案例，采用多个案比较研究的方法从宏观上把握艺术乡建的整体面貌，对比、分析现有典型案例模式的异同与优劣，旨在为当代乡村重塑提供经验与启示
名称	《公共艺术介入乡村建设研究——以云南弥勒东风韵为例》
作者	曹静妹
主要内容	对东风韵的案例进行研究、分析，探讨公共艺术介入乡建的外在价值与内在意义
名称	《中国当代艺术介入乡村的现象研究》
作者	伍梓瑜
主要内容	通过研究国内当代艺术对乡村介入的多个案例，试图找出共同性及内在联系，找出当代艺术对乡村介入的当代社会学与艺术学意义
名称	《艺术介入乡村的经济可持续复兴研究——以山西许村为例》
作者	夏磊华
主要内容	通过对艺术在乡村经济中现实价值的梳理和研究，以及对山西许村艺术乡建经验的借鉴，探索艺术介入乡村经济的可持续发展模式，为我国的传统乡村经济建设提供新的发展和复兴模式

(续表)

名称	《艺术介入与社区活化——以深圳观澜艺术聚集区的调查为例》
作者	俞志鹏
主要内容	通过对深圳观澜艺术聚集区三种不同形态的文化空间的调查、研究，分析艺术介入社区后对社区所产生的作用和影响，继而提出参考性意见
名称	《打开的风景——开放社区中公共艺术介入的形态研究》
作者	杨云鹏
主要内容	对公共艺术如何介入社区运营等方面进行专题研究，探索如何通过公共艺术的形式与社区公共生活更好地融合，从而使社区环境更加优美、社区生活更加丰富、社区形态更加多元
名称	《消费文化视阈下艺术介入商业综合体的策略研究》
作者	涂静萱
主要内容	以消费文化为背景环境，以艺术介入商业综合体的策略研究为重点。文章认为艺术介入商业综合体能够在激发商业综合体空间活力的同时，给艺术提供更多的展示平台与交流途径，实现艺术接受

表0.3所示文献一般都基于公共艺术的介入带给城市、乡村、社区的影响，研究对象多以消费为主体。鲜有学者以文旅融合为视阈，以艺术介入城镇为研究对象，探讨艺术介入城镇后对城镇的旅游发展、文化建设、经济增长带来的影响。

综上所述，艺术理论从艺术应该如何介入公共空间以实现其社会意义的理论层面探讨，转向了艺术介入社会空间的实践性研究(其中个案研究是重要的方向)。

4. "艺术城镇"方面

目前，"艺术城镇"国内相关研究文献共118篇，检索条件为"艺术城镇"，检索范围为中文文献。

国内关于"艺术城镇"的研究最早可追溯到1997年，截至目前已跨越27年。其间，关于"艺术城镇"的研究一直处于不瘟不火的状态，研究方向大多集中在理论层面，其中又以思考艺术在城镇发展中的地位和意义等问题居多，研究趋势如图0.8所示。

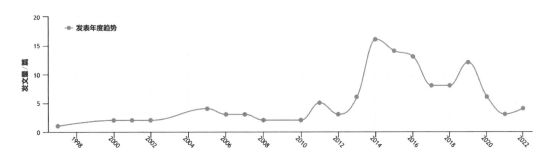

图0.8　"艺术城镇"研究趋势

为什么要让艺术在城镇发展中发挥价值？艺术又能在这个过程中产生哪些影响？这些问题是随着时代发展必然出现的问题，也是最初关注艺术乡建的学者们最常思考的问题。随着研究的推进和时代的发展，学术界对艺术介入城镇发展的关注度越来越高，越来越多的学者逐渐认识到艺术能够与整个国家的城镇化进程产生联系，这无疑提高了"艺术城镇"相关问题的关注度。什么样的城镇才能算作"艺术城镇"？如何更好地建设"艺术城镇"？在建设和发展过程中如何规避可能出现的问题？在当今时代背景下，要建设什么样的多元一体的良性循环体系？要如何建设这一体系？未来的艺术介入方向和模式有哪些？越来越多的问题出现在研究视野里。

党的十八大将"城镇化建设"写入报告，在随后的中央城镇化工作会议中，党中央再次明确"要传承文化，发展有历史记忆、地域特色、民族特点的美丽城镇"，努力构建"人、文化、环境、艺术融为一体"的新型城镇化发展道路。[1]受国家宏观政策的指引和启示，2012—2014年对"艺术城镇"的研究出现飞跃式上升趋势，此后几年的关注度有所下降，但整体的研究仍处于上升趋势，其中以"公共艺术"作为"艺术介入"方式进行研究的文献占据多数，研究涉及领域如图0.9所示。

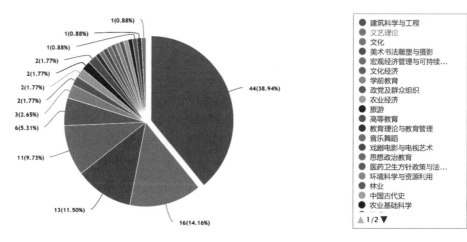

图0.9　"艺术城镇"研究涉及领域

经过阅读、筛选，整理出对"艺术城镇"研究具有参考价值的文献(著作)，如表0.4所示。

表 0.4　关于"艺术城镇"的研究文献

名称	《我国城镇化进程中艺术产业适应性研究》
作者	朱永杰
主要内容	我国城镇化进程使得人民群众对自身文化艺术要求不断提升，艺术产业也紧跟城镇化步伐，不断适应人们越来越多变的需求。通过对我国城镇化过程的描述与艺术产业对新环境适应性的调查，总结、分析其中的优缺点，发现相关问题，并提出解决方案

[1] 刘彤，蒋骏雄. "艺术城市"让城市建设"活"起来 [EB/OL]. [2022-08-01].

名称	《艺术乡建的内在张力与当代价值》
作者	王阳文
主要内容	艺术乡建是一场在艺术领域内由艺术家社会意识的自觉和创作空间的延伸而引发的艺术家与乡村社会的互动。与20世纪以来艺术家与民间互动形成的艺术实践不同，21世纪艺术乡建浪潮呈现艺术家与乡民各为主体的交响式互动特征。由于艺术家与乡民在诸多方面存在结构性差异，实践过程中伴随多种关系之间形成的内在张力。艺术乡建中一些成功的实践项目对固有观念提出了挑战，彰显当代价值的同时，也引发人们思考
名称	《中国新型城镇化建设中的艺术参与》
作者	鲍菡、黄永健
主要内容	当代中国城镇化和新型城镇化随着现代化与全球化在持续推进。在此过程中，艺术积极参与，已经发挥并将继续发挥重要作用。尽管艺术参与不可能达到"艺术造城""艺术造镇""艺术造社区"的效果，但艺术参与新型城镇化所带来的是积极的可持续效应，故应引起高度重视。其积极作用主要表现在三方面，即艺术参与纠正大中小城市人群的感性和理性偏颇、艺术参与让小城镇居民记住乡愁、艺术参与建构新型农村社区的"善美"之维
名称	《基于地域特色的小城镇公共艺术初探——以京冀和川浙地区为例》
作者	邹铭
主要内容	随着中国经济和社会的日益发展，城市化进程的不断推进，小城镇公共艺术建设也逐渐受到社会各界的关注。国家相关部门和地方政府也相继出台相关法规与指导性政策来鼓励小城镇的建设，尤其是加强具有地域特色的小城镇建设。而若想体现出一个地区小城镇的地域特征以及文化和旅游特色，公共艺术则是小城镇建设中最直观、最易显现的表现形式
名称	《城镇化与城镇艺术化》
作者	李亮
主要内容	就中国的城市化发展进程来看，已经进行的城市化与即将展开的城镇化是有区别的，城市化是大规模的城镇成为城市的过程，城镇化是乡村人口集中后成为镇的过程，城市与乡村是相对应的，有城市才会有城市化，城市化就是城市不断发展、完善，乡村人口不断向城市转移，乡村型社会不断向城市型社会转化的过程
名称	《从理论实践到研究视角的多元化——中国小城镇公共艺术研究回顾与展望》
作者	张晓瑾、龙宇晓
主要内容	中国小城镇公共艺术研究从理论初探阶段发展到多学科应用性研究阶段。厘清我国小城镇公共艺术研究发展脉络，回顾目前中国小城镇公共艺术研究的三大领域，展望其研究前景
名称	《我国城镇化背景下的公共艺术创作》
作者	何鑫
主要内容	从我国城镇化背景下的公共艺术创作、存在的问题和创作的趋向等角度，讨论我国公共艺术创作在城镇化加速驱动下产生的问题，旨在引发大家对我国公共艺术创作及其现实意义的思考与探究，目的是使公共艺术在我国城镇化建设中发挥更加积极的作用，从而体现艺术对人、对环境、对城市可持续发展的本源价值

5. "艺术乌镇"方面

"艺术乌镇"国内相关研究文献共323篇，检索条件为"艺术乌镇"，检索范围为中文文献。

"艺术"作为一种新生力量和思维介入"艺术乌镇"，肇始于学者对茅盾作品《春蚕》创作的探讨。众所周知，乌镇为茅盾创作《春蚕》提供了原始素材和生活积淀，因为乌镇见证了茅盾的童年和少年时代。[1]此后，学术界和产业界均对"艺术"与"乌镇"的融合发展有了较高的关注度。

1980—2012年，"艺术乌镇"的相关研究处于相对平稳的发展状态；2013年，伴随"乌镇戏剧节"的发起和举办，"艺术乌镇"的研究热度逐渐升温，研究趋势如图0.10所示。

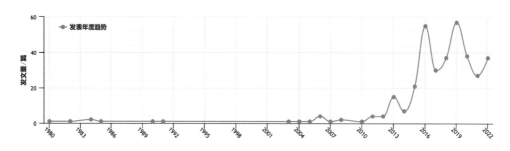

图0.10　"艺术乌镇"研究趋势

从乌镇自身来说，还有很多问题值得思考，比如乌镇发展过程中，艺术到底发挥了什么作用？艺术还能继续发挥什么作用？在艺术介入之下，还有什么弊端或者问题是需要注意的？而从更加广泛的角度，从整个研究的宏大层面看，"艺术乌镇"的研究究竟有什么价值是值得深入分析和思考的？如何才能从乌镇的发展中吸取更多经验？乌镇的发展模式与当下的社会发展进程之间有哪些联系？怎么才能在更好地借鉴这种模式的基础上，避免"千镇一面"的弊端？乌镇经验能否用于解决其他领域的更多问题？一切都等着我们去思考和探究。

近几年，"艺术乌镇"这一独特品牌已然崛起。与此同时，"艺术乌镇"成功的IP品牌发展模式成为业界"标杆"，为中国其他城镇的发展提供了新借鉴、新启示、新指引，研究涉及领域如图0.11所示。

---

[1] 钟桂松. 乌镇与《春蚕》的创作[J]. 语文学习，1984(11)：37-38.

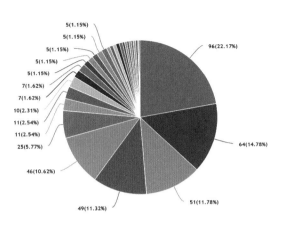

图0.11 "艺术乌镇"研究涉及领域

与"艺术乌镇"研究相关的文献资料如表0.5所示。

表 0.5 关于"艺术乌镇"的研究文献

名称	《解构乌镇戏剧节——一份文旅融合的成功范例》
作者	苏珊
主要内容	乌镇戏剧节使乌镇成为国内戏剧小镇的代表,并成功打造了中国本土的戏剧城市国际品牌。通过对乌镇戏剧节场景构建、活动设计、运营机制、品牌打造等多方面的解析,总结戏剧文化与地方特色、历史沉积、人文环境有机融合的经验。在中国文化产业发展的大背景下,探索艺术与商业平衡发展的可行性道路,从而促进"文旅融合"机制的进一步完善
名称	《艺术乌镇崛起》
作者	马啸
主要内容	"一样的古镇,不一样的乌镇。"一个普通的江南古镇,在三年的筹谋之后以黑马之姿强势崛起,不仅被当作古镇旅游的优秀案例被反复提及和研究,而且成为当代艺术生态中的一个重要地标
名称	《场景理论视角下文旅融合可持续发展动力研究——以乌镇为例》
作者	黄琳
主要内容	以乌镇文旅综合体为分析对象,引入西方场景理论开展深度分析,从景观设施、本地社区、文化活动、多元群体、价值取向五个维度探讨其内部发展逻辑,并从地方政府、商业组织、社会大众三方面阐释"文旅融合"的外部动力,提出建立"文旅融合场景与社会共益模态",为困境中的文旅产业发展提供理论支撑和现实借鉴
名称	《乌镇戏剧节的品牌发展和城市文化》
作者	韩爽
主要内容	戏剧节品牌形成过程中,乌镇充分融合了当地古镇特色和文化旅游资源,在文化创意产业和文化旅游经济的推动下,围绕戏剧节的品牌树立、维护和拓宽做了较为完善的基础工作;以内容营销为基石,明确了品牌在戏剧节发展过程中的重要地位。作为民间独立运营的戏剧节,乌镇戏剧节的品牌建设积极与当地城市文化相互关照和影响,促进和带动乌镇乃至区域文化经济的发展

(续表)

名称	《特定场域艺术在乌镇》
作者	冯莉
主要内容	以乌镇国际当代艺术邀请展的特定场域艺术作品为例，试图从作品与场所的有机融合、艺术创作的主体转换、关注点等方面，揭示特定场域艺术实践的部分特征和趋势。针对当下艺术展中艺术作品与当地实际脱节的现象，给出一些可供参考的例证，具有较强的现实意义，对今后乡村艺术实践的开展具有一定的参考价值
名称	《乌镇现象》
作者	石更、刘旻、海欣
主要内容	文化艺术活动，让乌镇区别于江南其他同类别的水乡——在各个行业都在强调打造文化IP的同时，戏剧节、艺术展、木心美术馆等，从不同角度打造"乌镇"的独有品牌。文化活动就是放大IP的最好手段
名称	《特色小镇的文化生命力——以艺术小镇为例》
作者	薛江
主要内容	特色小镇并非行政区划单元，也不是产业园区，而是相对独立于市区，有明确产业定位、文化内涵、旅游特色和一定社区功能的发展空间平台。我国"十三五"规划纲要明确提出"因地制宜发展特色鲜明、产城融合、充满魅力的小城镇"
名称	《乌镇街道空间的艺术》
作者	李楠
主要内容	通过对乌镇古建筑及街道空间艺术性的观察和分析，提出创造富有生命力的街道空间的思考，倡导人文与生态和谐的建筑设计理念

(二) 国外研究现状

整体而言，国外学术界对文化产业与旅游产业融合的研究侧重于文化旅游(cultural tourism)的内涵界定及其对旅游业发展的重要意义，景区经营主体的文化对旅游业的积极意义，文化事件对旅游业的影响，以及文化遗产和旅游之间的关系等。以下分别就"文旅融合""文旅城镇""艺术城镇"开展论述。

1. "文旅融合"方面

文化旅游的内涵界定及对旅游业发展的重要意义是"文旅融合"研究的重要内容。Taçgey Debeş在其研究中肯定了"文化"和"旅游"的融合在当地文化产业发展中的重要作用。他以北塞浦路斯(North Cyprus，地中海小岛)为例，阐释了"文化+旅游"模式对一个以旅游业为主要经济来源的小岛的重要作用。他认为，如果旅游政策的制定部门不能从旅游地自身的独特文化价值角度挖掘，不能以最合适的政策或策略指引使旅游地的本真面貌得以恢复，那么旅游地的独特文化面貌很可能会被忽略，甚至会因某种因素而消耗殆尽。

旅游研究者关注旅游地的文化功能，从而侧重文化旅游的研究。与原有的旅游研究领域相结合，又出现了文化城市旅游和文化乡村旅游。[1]

Chiara Garau在其研究中结合新时代发展背景下的技术进步情况，从更加广阔的研究视角出发，对传统文化旅游发展思路进行反思，并系统地介绍了"旅游+文化"在当今社会发展中如何与技术相结合，让"智慧+旅游"成为"旅游+文化"的一部分，推动科技带动旅游的发展，引导人们进一步思考如何对城镇进行"旅游+文化"的布局。

现在一些研究人员很关注景区中的文化元素到底对旅游产业有怎样的积极意义。Appiah-Adu通过调研表明，"文化"和"旅游"其实有很明确的关系，通过促使两者关系愈加紧密，可以实现旅游业更好的发展。此外，一些欧洲学者也在研究中探讨文化事件和旅游业发展之间的关系。Liu、Yi-De认为，"文化事件"的典型代表——欧洲文化之都的评选，就是基于欧洲自身旅游的"文化事件"。而这种事件，正随着欧洲旅游业的不断发展而逐渐增多。同时，他还通过大量的成功案例、文献资料等综合分析了欧洲文化事件历年来的发展历程，并探索以"文化+旅游"促生的文化事件行为是如何反哺欧洲经济增长、社会发展、城市复兴及文化消费等的。

2. "文旅城镇"方面

"文旅城镇"的研究是基于文化视角，以"城镇"或"乡镇"为"介质"，关于"'文化'+'旅游'"+"城镇"且有别于"文旅城市"的，有针对性并且更具在地性的探索性研究。

Alvarado-Sizzo I. 在研究中以墨西哥东南部尤卡坦州玛雅领土上的小镇伊扎马尔为例，从旅游资源、旅游配套服务、基础设施、通信网络、客流等地域要素等方面进行分析，揭示了小镇伊扎马尔的旅游组织和地域动态。该学者从全球视角出发，探讨历史名镇的旅游动态似乎仅限于大部分旅游服务所在的小范围内的几个地点，从而引发了城市空间大区域的隔离；强调文化资源，揭示旅游目的地一体化结构。

Duhme L. 在其著作中以锡尔维斯小镇(Silves)为例，进一步分析"文化游客"为城镇发展带来的内在动力和潜在影响力，并基于锡尔维斯小镇自身特点，进一步研究社会人口、旅行特征与文化游客行为的动机、偏好之间的关系。

Turnock D. 将研究落实到了"乡村文旅"层面，以马拉穆列什(Maramureş)为例，从可持续发展的视角将本地独有的文化资源作为可持续乡村文化旅游的试点项目，研究了该领域未来的发展潜力，并对可能限制增长的因素和成功的障碍等进行评估。

---

[1] 厉建梅. 文旅融合下文化遗产与旅游品牌建设研究[D]. 山东大学，2016.

与其他学者不同，Kennell J. 并没有把注意力聚焦在具体的个别城镇的案例研究中，而是从较大范围和具有代表性的区域出发，进行不同视角下的"文旅城镇"研究。其以英国海滨城镇这一整体为例，论述海滨城镇的复兴和品牌重塑的尝试过程，回顾海滨城镇品牌重塑的策略，并表明文化再生策略在当代海滨城镇的历史转型中正得到越来越普遍的应用。该学者颇具远见性地对基于城市的文化发展模式转移到城镇地区的有效性进行对比、分析和批判，强调海滨城镇文化投资的历史性和重要性，从而得出文化再生策略虽然看起来很新颖，但实际上是对早期文化旅游发展战略的恢复的论断。

3."艺术城镇"方面

Delconte J. 从艺术、社区、城镇、规划等视角出发，结合当地社会的经济发展现状，认为艺术和文化已被证明可以通过吸引知识产业的工人与企业、刺激旅游业和改善住房市场等促进经济发展，并会对城镇、社区中其他形式的资本产生重大影响。

Prince S. 从手工艺视角出发，探讨了丹麦博恩霍尔姆工艺美术协会成员所面临的一系列社会动态。艺术家参与农村身份、农村符号和产品的商业化，以及新农村的改造，过程中，艺术家通过创建专业品牌，实施各种创业策略，与所在的城镇、乡村、岛屿形成共赢的互动关系。这样的合作方式，为艺术家创造一个"混合"空间、"实验"空间的同时，也引发人们对艺术视角下全球系统中城镇、乡村的复杂性进行战略思考和重新定义。

Ng I. A. S. 从街头艺术、身份、全球本地性、艺术赞助、文化旅游等视角出发，探讨艺术家作为独立的个体，在将艺术作为媒介，介入城镇发展的过程中，与城镇、乡村发生摩擦和碰撞的现实性与可能性。值得注意的是，当地的认同感可以通过艺术内容体现。艺术家的个人声誉确实超越了包括标记、涂鸦、波普艺术、历史文化档案和自画像等在内的表达方式，但艺术介入城镇，无论是在现实空间还是在虚拟空间，都为这些表达提供了可能。

三、面临的挑战

总体而言，从时间层面看，国内外对相关领域的研究文献数量不算少，但很多研究的起步并不算早；从研究方法层面看，虽然采用的方法较为丰富，但从艺术视角进行研究的成果并不显著；从研究对象层面看，对单一经典案例的选取和分析是存在的，但没有太多深刻的跟踪与剖析，没有进行纵向和横向等多元比对，仍然需要有更加全面和综合的案例解读，将经典发展案例的经验转化成更多宏观层面的模式和方法。

从艺术视角进行艺术介入城镇发展研究和选择适用案例展开全面分析，是本书的两个重点环节。

国家统计局报告显示，中华人民共和国成立70多年来，我国经历了世界历史上规模最大、速度最快的城镇化进程。2022年末，我国常住人口城镇化率达到65.2%，比1949年末的10.64%提高54.56个百分点，年均提高0.75个百分点。[1]目前，世界城镇化水平已超过50%，预计到2030年城镇化水平将达到70%。我国现已初步形成以大城市为中心、中小城市为骨干、小城镇为基础的多层次城镇体系。随着经济的高速发展，我国城镇得到了长足的发展。

但是我们也应该清醒地认识到，中国城镇化发展正遇瓶颈，面临着严峻的挑战。笔者认为面临的挑战主要有以下几方面。

一是城镇发展同质化越来越严重，特色与定位不准，存在"千镇一面"的现象，这将导致城镇竞争力不强，阻碍城镇发展。发展的目标当然是获得经济效益，但不能仅有经济效益。发展的方式可以是借鉴和参考，但不能只有抄袭和模仿。为了更高效和更快速地取得更多的成果，不少城镇一味复制、仿造，搞"大拼盘、大杂烩"，特色不明显，缺乏独特性，其产业、文化、旅游等功能未能较好地融合，产业特色、建筑风格和城市总体风貌缺乏地域植根性。以旅游为例，艺术特色旅游小镇的同质化现象非常明显，在一条街上，门店常会销售极其类似的产品，且产品的外观与包装过于陈旧、老套，甚至连门店外观的风格都相似，销售手段也比较单一。民宿的状况亦如此。[2]在这样的状况下，越来越多的城镇逐渐同化，缺少文化内涵，无法形成自身的文化品牌。

二是城镇发展缺乏产业支撑，城镇建设后劲不足，特色产业有待进一步培育。制约城镇建设和发展的资金瓶颈未能彻底打破，资金筹集较为困难。城镇化是一个地区综合发展的趋势，应该结合多业态，形成跨界叠加的深度融合发展模式。一时的热度或者偶然的成功不是长久之计，临时的资金注入更是不能一劳永逸，只有形成真正能够长久发展的良性循环模式，构建可持续、可升级的动态和综合产业格局，才能真正给发展提供源源不断的物质支撑和结构保障。

三是随着城市化的推进，不少城镇在发展过程中出现环境破坏和环境污染问题，对原生村落环境和栖居环境造成不利影响。这种现象在文旅开发的过程中尤为常见，因为在建设新型设施或者开发新型项目的过程中，经常会出现破坏原有珍稀遗产的现象。无论何种开发，都不能忽视生态发展，绿水青山就是金山银山。以旅游为例，不仅有破坏性开发，其实也可以有保护性开发和生态旅游。生态旅游是充分体现生态保护、绿色发展、人地和谐的旅游活动，能有效促进区域经济发展并改善因粗放的旅游开发带来的生态环境问题，

[1] 秋月财经.2022城镇化"新改革"：将把县城作为重点？对老百姓有什么影响？[EB/OL]. [2022-08-03].
[2] 刘文琳，徐方.新文旅背景下艺术特色小镇发展规划研究——以林州石板岩镇为例[J]. 旅游纵览，2022(17)：68-70.

是生态文明建设发展的重要推力。[1]

四是小城镇人口向大城市聚拢的趋势明显，造成部分城镇人口老龄化严重，甚至出现空心化，使地方经济、文化失去了鲜活的生命力，无法维持健康、良性的发展态势。

在现实层面，这些挑战引起了很多客观问题，仅以城镇的文旅发展建设为例，就出现过很多不尽如人意的现象。江苏无锡的荡口古镇，自称"小苏州""银荡口"，投资10亿元，开张3年，却只在刚开业的时候热闹一阵。[2]成都龙潭水乡古镇，打着"成都周庄"的牌子，投资20亿元，耗时4年建成，如今门庭冷落，几乎沦为空城。陕西省投资2.5亿元修建的诸葛古镇，开业第一天时人山人海，却因价格虚高、过于商业化等导致游客不愿再来。湖南长沙的铜官古镇有悠久的历史，然而开发却不尽如人意，景区未完工就匆匆开门迎客，游客游览后往往失望而归……[3]

深入来看，现在最主要的问题早就不是各地没有意识到要发展，而是各地在发展过程中没有找到合适的发展方式。同质化、瓶颈化、破坏化和空心化等现象不仅浪费了发展资源，也影响了发展进度。

如何破解城镇发展难题？随着时代和社会的发展，文化产业和旅游产业已逐步成为国民经济的支柱产业，而艺术作为文化的重要内涵与组成部分，在文旅深度融合的大背景下，将为城镇转型和发展注入新的动力。

乌镇在多年的改造和建设过程中，形成了多元发展模式，拥有戏剧节、艺术展、美术馆等经典的艺术介入成果，而且大多收效非常明显。可以说，当下的乌镇是城镇转型成功的典型案例，是艺术介入城镇发展的样板，能够为中国城镇的发展提供参考与解决方案。因此，笔者选择了乌镇作为主要研究对象。

乌镇素有"中国最后的枕水人家"之誉，是典型的中国江南水乡古镇，虽在1991年被评为浙江省历史文化名城，但此前却一直是发展较为滞后、鲜有游人问津的小镇。乌镇的转变源于乌镇自1999年启动的古镇保护开发工程，其先后对外开放了东、西栅景区，成功打造了"乌镇旅游"品牌，开创了古镇保护的"乌镇模式"。

而乌镇的发展真正产生质变是在2013年。这一年，乌镇以文化旅游产业作为经济转型升级和加速发展的突破口，以再造一个5A级标准文化主题景区为目标，启动了一系列文化旅游项目。2013年，投资5亿元的乌镇大剧院建成，并成功举办首届戏剧节；2014年11月19日，乌镇成功举办首届世界互联网大会并成为世界互联网大会永久会址；2015年，乌镇木心美术馆对外开放；2016年，乌镇国际当代艺术邀请展和乌镇国际未来视觉艺术计

[1] 方世巧，熊静，滕容梅，等. 西南喀斯特地区生态旅游与生态文明建设耦合协调特征及驱动因子[J]. 资源开发与市场，2023，39(06)：1-11.

[2] 张玉胜. 愿古镇遇冷的尴尬不再重现[N]. 中国旅游报，2018-10-19(3).

[3] 郭倩. 当代乌镇文化研究[D]. 上海师范大学，2019.

划也正式开展工作。此后，乌镇陆续启动江南乌村、东方斗牛园、乌镇国际房车旅游度假区、乌镇吴越文化创意园、中国艺术文化园等项目，积极推动文化与旅游在更大范围、更广领域、更高层次上深度融合，借文化市场的优势进一步提升了乌镇的影响力及在旅游市场上的地位，实现了社会效益和经济效益双丰收。

《2012年乌镇镇国民经济和社会发展统计公报》显示，2012年全年乌镇接待游客600.83万人次，门票收入3.43亿元。2019年，乌镇景区全年接待境内外游客达到817.9万人次，乌镇旅游股份有限公司实现营业收入21.44亿元，堪称飞跃。

《乌镇镇2020年政府工作报告》中提到，乌镇2019年全年实现地区生产总值68.3亿元，城乡居民人均可支配收入分别为60 880元和38 197元，同比分别增长7.4%和9.5%。国家统计局数据显示，2019年，中国城镇居民人均可支配收入42 359元，农村居民人均可支配收入16 021元。乌镇城乡居民人均可支配收入分别比全国水平高43.72%和138.42%。可见，举办乌镇戏剧节、乌镇国际当代艺术邀请展、乌镇国际未来视觉艺术展，建设乌镇大剧院、木心美术馆等系列文旅融合组合拳，的确给乌镇带来了勃勃生机。乌镇旅游业的发展有效带动了全镇经济的和谐发展，旅游业成为乌镇经济的支柱产业。乌镇旅游业的迅猛发展，创造了旅游界的一大奇迹，而艺术的介入则成为乌镇旅游产生腾飞和经济高速发展的重要引擎。

本书主要探讨艺术介入带给城镇的变化，以乌镇为主案例，分析江南古镇中有艺术介入的乌镇和没有艺术介入的其他城镇在发展上的差别，以及乌镇在艺术介入前后的变化。不可否认的是，乌镇在发展过程中仍存在不少问题亟待解决，如艺术介入的形式和内容是否契合本土的文化？艺术介入是否带动当地居民的参与？如何平衡艺术介入的成本和收益？如何保证艺术介入的质量，比如展览、表演的质量？如何更好地发挥艺术介入的作用，实现消费者、当地居民和城市发展三赢？乌镇的发展过程中，艺术介入是否具有不可替代性？乌镇能否通过艺术介入的方式得到可持续发展？

本书希望通过探讨以上问题，以期为乌镇的未来发展提供持续动力和活力，更试图通过艺术介入的方式为中国城镇的转型发展找到一种普世的解决方案。

第二节　本书的框架结构与研究方法

一、框架结构

本书的框架结构，如图0.12所示。

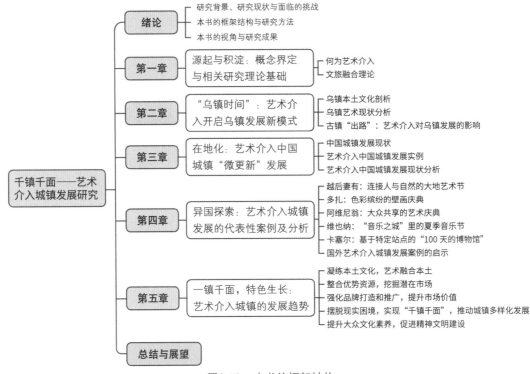

图0.12　本书的框架结构

二、研究方法

1. 文献研究

查阅大量相关文献和有关资料，并且分门别类地整理；检索、查阅行业相关调查报告、政府部门工作报告和文件，结合实地资料、各界媒体报道等，考虑资料的来源和权威性等因素，完成文献的汇集与整理；对国内外相关的文献资料进行全面、系统的梳理与分析，将研究对象置于宏阔的背景下进行多面解读，扩大文献选择范围。整理文献资料的过程中，注重借鉴文旅融合理论、产业融合理论、经济学、旅游学、社会学等相关成果，融汇多学科的理论知识，建构艺术介入城镇发展的理论体系，在多种理论融合、互动的过程中，从多维视角观察、分析、研究和解读中国城镇发展尤其是艺术介入城镇发展问题。

2. 对比研究

通过对乌镇艺术活动的历史与当代状况的纵向比较，乌镇与其他城镇之间关于艺术介入城镇发展实践的横向比较，以及国内与国外艺术介入城镇发展状况的综合比较，准确地认识和把握艺术介入中国城镇发展的内在规律。

3. 实证案例研究

以乌镇为例进行实证案例研究，提供实践参照，系统梳理艺术介入对乌镇旅游经济、经济发展、城市定位的影响，辅以数据支撑，从实证分析的角度与文献研究、理论研究形成双向反馈与互补，丰富了文章的研究维度。

4. 调查与访谈研究

实地考察包括乌镇在内的有艺术特色的城镇，并针对乌镇的艺术介入旅游发展情况做集中的一线调研。一方面，收集受众反馈和市场意见，对旅游消费者和艺术活动参与者进行专题调查，把握艺术介入对旅游的影响规律；另一方面，对文化旅游领域的专家，乌镇模式的打造者、经营者、管理者，乌镇艺术活动的策划者等进行专题访谈，掌握第一手信息，汇聚本领域最新、最前沿的信息和观点，对于深化对艺术介入城镇发展的认识具有重要意义，有效弥补了二手文献的局限与不足。

5. 经济影响研究

采用统计学的方法分析中国城镇文化艺术产业发展对地方经济的影响，对城镇繁荣的作用，将定量分析和定性分析相结合，重点对艺术介入乌镇发展带来的旅游创收和经济效益进行数据分析。

第三节　本书的视角与研究成果

文旅融合背景下，艺术介入城镇发展的研究理论与实践的创新点及意义主要体现在理论和实践两个层面。

从理论层面看，可以对艺术介入城镇有更深刻的理解，深入探讨艺术与城镇发展的关系，进一步寻求艺术介入的良好成效，实现"艺术与城镇共生"。当然，值得我们思考的不仅仅是艺术介入的定义到底是什么，还有很多新的问题，例如接受者们究竟如何看待艺术介入，以我国的发展为例，古镇的居民和游客们是如何看待艺术介入的？他们看到的不是简单的文字，也不是生硬的定义，而是影响他们生活的各种各样的表现形式，是鲜活的，是真实的。艺术介入本身一定是与社会形态息息相关的。对艺术介入有深入了解之后，也就对文旅产业有了更丰富和完善的理论认识，进而从艺术介入的角度揭示艺术旅游的社会文化属性。再度明晰一个观点，即艺术介入城镇发展的良好结果就是达成"艺术与城镇共生"。我国于2018年3月设立中华人民共和国文化和旅游部，按照中共中央的部署，以"宜融则融，能融尽融，以文促旅，以旅彰文"[1]作为艺术旅游发展的原则，积极发展文化旅游事业，艺术旅游需要有更完善的理论指导和案例参考。乌镇借助艺术的力量，展现中国艺术、世界艺术，使艺术汇集于此，铸造艺术小镇[2]，因此，以乌镇这个经

---

[1] 曹献馥，曹献秋. 美丽中国视角下的艺术旅游与文化传播[J]. 社会科学家，2022(11)：58-64.
[2] 艺术信息与资讯. "旅游+"模式，公共艺术介入小城镇的新路径[EB/OL]. [2022-08-05].

典的例子为主要对象，对艺术旅游进行深入解读，更好地认识艺术旅游，将其作为未来文旅融合发展的新样板，有助于建构、表达、理解城镇文化和形象，挖掘城镇发展的新动能。

从实践层面看，对于我国的整体建设而言，更多理论的指导是必要的，将研究成果作用于实践，带来更多的收益。如果能够以点带面梳理中外艺术介入城镇发展的经典案例，探索艺术小镇的构建模式，可以为中国未来城镇发展提供新思路，并为艺术介入城市更新和乡村振兴研究做铺垫。乌镇是笔者心目中的一个较为合适的案例，一方面，乌镇已经形成相对成功的成果，也暴露过一些问题；另一方面，乌镇的发展模式具有一定的现实实践的可参考性。从城镇可持续发展的角度，对艺术介入乌镇发展进行再解构、再解读，明确乌镇在坚持现有特色艺术活动的基础上，再开发根植本土文化成长的艺术力量，并持续对乌镇的发展进行艺术介入。中国旅游研究院在2021上半年对乡村企业进行了深入调研，从调研数据可知，文化内容的挖掘达到56.7%，因而可以说深入挖掘乡村文化内容，是乡村旅游业变革的重要方向。[1]艺术介入对推进城镇化的可持续发展和加快社会主义新农村的振兴有着巨大意义，将在未来持续产生效益。

[1] 石大英. 乡村振兴背景下乡村文化旅游的财税政策研究[J]. 当代农村财经，2023(2)：39-42.

第一章

源起与积淀：概念界定与相关研究理论基础

第一节 何为艺术介入

　　艺术一直被认为是解决各种问题的灵丹妙药，学术界对此有丰富的研究成果，如艺术与学校课程相结合可以提高学生的学习成绩，艺术复兴社区可以促进经济繁荣，参加艺术活动可以改善身体和心理，艺术为社会资本的创造发挥了催化作用。艺术介入产生影响的机制是什么？特定的艺术活动与特定的结果有怎样的因果关系？这些都是非常重要的问题。

　　艺术介入通常有以下三种形式。

　　一是直接参与艺术组织，尤其是需要个人参与的组织创意活动。

　　二是以观众的身份参与艺术，主要反映艺术是否有吸引社区外观众并对社区施加经济影响的能力。

　　三是艺术组织存在于一个社区中，大多与经济影响和社会资本争论有关。

　　实际上，艺术介入并不是以单线条的方式与个人、社会建立关系——艺术不仅与上层建筑中的各类文化有关，还与经济基础有关系，因而艺术介入是一个复杂的问题。

一、艺术介入的定义

　　从字面意思来看，艺术介入(art intervention)的"介入"是参与的意思，包含干预原有事物的可能性。它是一种手段，或者说是某个目的的实现方式，是针对某个问题或事物的行为。

　　人们对"介入"一词的思考很早就开始了。亚里士多德在《形而上学》第六卷中曾将一切科学(episteme)分为三部分：理论的、实践的和制作的。而实践哲学介入生活可以对人们的生活产生积极的影响。[1]虽然在那个时代条件下，艺术很难单独成为一个理论研究的门类，但并不影响这种宏观而宽泛的概念在人们的脑海中初具雏形，由此可见，人们对"艺术"和"社会"的思考其实很早就开始了。只不过，当时的人们还没有如今的理论意识和美育环境，所以没能提出一个相对完善的概念。

20世纪60年代，"艺术介入"一词被提出。当代艺术和观念艺术的出现，使纯粹的艺术逐渐融入社会大背景之中，艺术介入也逐渐出现。起初，艺术介入主要涉及艺术本体与观众、场地、空间或情境的互动，得到观念艺术的支持，通常是行为艺术的一种形式，也与维也纳行动主义者、达达运动和新达达主义者有关。在电影领域，法国电影制片人兼作家、情境主义的创始人居伊·德波(Guy Debord)[2]，希望消除观众的立场，1960年，他策划袭击了比利时的一个国际艺术会议。而其他集体，如伦敦的艺术家安置小组(APG)试图通过艺术干预在更广泛的社会和政治背景下重新定位艺术家的角色，他们在传统画廊系统之外采取行动，将艺术家安置在行业和政府部门中以实现变革。这些介入措施成为艺术家驻地计划和社区计划的催化剂。[3]后来，艺术家们想从自身视角出发，试图将艺术搬出庙堂，进入和融入某一领域或行业之外的场所或空间，尝试以概念艺术和行为艺术的方式，使参与者(观众、团体、机构等)在公共场所或空间内与艺术品产生某种内在的"化学反应"或内在关联性，从而产生艺术本身所不能产生的原初效果或影响，从根本上改变艺术家在社会中所起的作用，以达到改变社会的目的。[4]

艺术介入由最开始的行为艺术方式，渐渐成长为一股不可忽视的内在力量，无论是在社会发展过程中还是在时代进程中，都起到了改变现状、增益发展的作用。

为何是从行为艺术开始呢？其实很好理解，如今人们仍处于图像时代，视觉表征系统在人们认知世界的过程中起着至关重要的作用，所以艺术，尤其是能够付诸视觉的艺术门类的介入，能够产生极大的效果。海德格尔认为，世界图像并非意指一幅关于世界的图像，而是指世界被把握为图像。世界成为图像标志着现代之本质。[5]在我们的时代，图像，或者说视觉符号，仍然起到至关重要的作用，人们已逐渐认识到这一点，并且开始逐步正式研究与之有关的问题，并在研究和思考的过程中，组织各种可能的实践活动去进一步探索。

对"艺术介入"进行全面的思考就会发现，"艺术介入"其实是一个主谓短语，它的后面可以追加各种可能性，但大多都会被归为一个词——社会。这一点并不难理解，西奥多·阿多诺、马克思等哲学家或美学家都认为艺术具有社会性。毕竟从某种意义上说，艺

[1] 徐晴. 论当代艺术的审美构建与社会责任[J]. 美与时代(下)，2022(6)：42-44.

[2] 法国马克思主义理论家、哲学家、电影制片人、作品评论家。

[3] 泰特美术馆官网. ART INTERVENTION[EB/OL]. [2022-08-10].

[4] 你好当代艺术. 艺术介入[EB/OL]. [2022-08-11].

[5] [德]海德格尔. 世界图像时代[M]. 孙周兴，译. 上海：上海三联书店，1996：899.

术无时无刻不在对它所存在的时空产生影响，其中就包括艺术对社会的"介入"。

实际上，这种社会性要在社会环境和历史发展过程中，要在有人民大众接受的情况下才有真正的意义。

"介入的实质是艺术与社会的关系问题。"[1]从时代背景来看，艺术介入更多地强调艺术化的社会活动，或者社会活动中的艺术元素。艺术家通过艺术创作活动或者艺术品，有目的地参与某个特定的社会活动，对观者产生影响，也对问题进行回应，最终，艺术家、艺术品、创作活动，甚至整个场所都成为社会活动的一部分。

以西方20世纪初期的历史先锋派为例，他们通过自己的活动，力求让艺术脱离原来的层次，进入现实的平庸层，尝试破坏原有的传统艺术形式，并且借由这种破坏来达成新的创造。这个过程不仅在创造艺术品，也是创造艺术对社会的一种影响和回应。这其中的翘楚就是达达主义的标志人物——杜尚。《折断胳膊之前》《泉》(见图1.1)，以及《带胡须的蒙娜丽莎》……杜尚用自己的一件件作品寻求艺术与生活、社会的关系，毫无疑问，杜尚引导人们去接受或者思考这种介入，仿佛是一场表演，让观众在欣赏的过程中，不自觉地成为艺术介入的观看者和欣赏者，于是就诞生了一种介入方式。

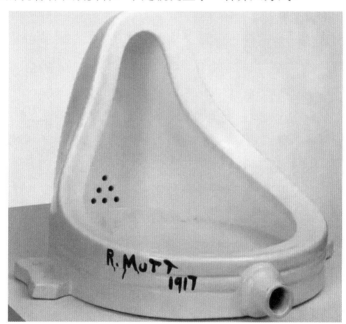

图1.1　杜尚的艺术作品《泉》(1917年，现藏于法国蓬皮杜艺术中心)

"在观念艺术中，想法或观念是作品最重要的方面……想法变成制造艺术的机器。"[2]在杜尚之后，无数艺术家进行过许多尝试，他们用自己的作品与社会建立起某种联系，而这个联系的活力源泉正是他们的想法。博伊斯怀揣着以艺术温暖社会的热情，突

---

[1] 王春辰.艺术介入社会[M]. Timezone 8 Limited，2010：25-30 .

[2] [比]迪弗.杜尚之后的康德[M].沈语冰，等，译.南京：江苏美术出版社，2014：239.

破传统绘画媒介，采用社会雕塑、行为艺术等方式，试图在人与社会、人与动物之间建立起某种精神联系，他相信这种行为、动作或者象征性的物象可以恢复物的神圣性，使得人类可以与世间一切进行灵魂上的沟通，从而重新建构起一种信仰，让世界变得有温度。

艺术介入社会，当然也包括艺术介入城镇，也就是希望艺术在丰富大众审美的同时，让艺术中的真与善帮助大众实现精神上对真理与社会和谐的向往，使得大众在与社会和谐相处的同时，有更高的精神追求。城市化进程让社会变得更加浮躁，无利害的艺术正是慰藉心灵、洗涤心灵的方式，艺术介入城镇，实现"艺术与城镇共生"，也有人称其为"介入式艺术乡建"[1]，而这种所谓的乡建的目的，其实也就是达成"艺术与城镇共生"的良好结果。如此，艺术就能成为人们精神栖居，实现对美好生活向往的重要方式之一。

在以往的艺术探索中，不少艺术家怀揣社会理想，在大众视野中以温情的方式诉说精神的可贵，表达对人道主义的追求，呼唤大众敢于承担社会使命……以卡塞尔文献展为例，20世纪60年代，博伊斯就提出了"社会雕塑"的概念，这正是一种艺术介入形式，而且是"艺术与城镇共生"的形式。1982年，他在第七届卡塞尔文献展上实践了自己的"人人都是艺术家"的想法，用一件名为《7000棵橡树：城市造林而不是城市管理》的作品向人们展示了环境教育和社会雕塑的理念。他用了100天的时间与人们一起讨论艺术，带动了无数参观者参与作品(见图1.2)。其实，博伊斯不仅是一个观念艺术家，也是一个社会活动家，他用艺术介入的方式进行自己的活动，将艺术创作变成了社会行为。相对于生硬的政治、经济的介入方式，艺术是更加柔和，影响更加深远的介入方式。按照他最初的构想，这件作品其实应该在两届文献展的5年内完成，由无数参与者共同种植7000棵橡树，并在每棵树旁放置一块玄武岩石，摆成一个锐角指向第一棵橡树的巨大三角形。但实际上，最后一棵橡树是在他去世之后，由其儿子种下的。博伊斯的去世并没有影响橡树的长存，那些树木带着无数人的记忆和重要的理念生长在那片土地上，成为不可磨灭的重要文化遗产。艺术家的离开，并没有改变艺术介入在卡塞尔这座小城镇的成功。

图1.2　博伊斯亲自种下第一棵橡树

[1] 孟凡行，康泽楠. 从介入到融和：艺术乡建的路径探索[J]. 中国图书评论，2020(9)：8-23.

1927年，林风眠先生在《谈十字街头》里提出了关于艺术和社会在当时的发展状态的问题，并且提出了两个观点：一是近世学问和文艺趋向写实，提倡与现实生活接触，把学问从天上搬到地下；二是学术须普及于民众，流布人间、雅俗共赏，这不仅涉及艺术从象牙塔里走出来，告别原有的纯粹精英性的问题，更涉及艺术和社会的关系问题，即"社会艺术化"。当下的时代，艺术介入社会的现实性受到更多关注，也更有价值。结合我国当前的社会现实来看，艺术介入随着时代和社会发展，有了更多的表现形式。

从表现形式来看，艺术介入在人们认知世界的过程中起着至关重要的作用，可以是雕塑艺术、绘画艺术等不同门类，可以是艺术展览、艺术产业等不同方式，而艺术介入的主体更是不一样，目的也自然不同。其实，选择何种门类和方式，主要还是看主体和目的，也就是说，艺术介入城镇的方式必然与城镇的属性息息相关。

城镇和城市的区别主要体现在档次不同、基础不同、内容不同、经济性质不同、居民素质不同等方面。[1]本研究立足于艺术介入"城镇"而不是"城市"，探究达成"艺术与城镇共生"的路径，是因为城镇是乡村向城市转型的中间过程，而城市则是各活动要素都高度集中且完备的社群组织。城镇介于乡村和城市之间，无论是发展规模还是人口体量都无法与城市相比。其中，艺术作为"内容"，在如今的城市发展中被越来越多的管理者和艺术家所重视，并形成了许多成熟的艺术行为，如城市公共艺术计划等。作为乡村向城市发展的过渡事物——城镇，在艺术介入领域的探索则刚刚起步。然而，如果说中国城镇在以往的历史进程中，没有开展对艺术行为或艺术方式的探索，却是不客观、不公正的。我国传统村落的形成过程中，"天人合一"的理念起到非常重要的作用，很多传统城镇的设计者都是当时的艺术人才，城镇中的一些园林或者造景也大多体现"留白""理景""可行可望可居可游"等理念。一些传统的民俗活动也都是艺术行为，比如乌镇的"中元河灯"，其实可以被界定为行为艺术的一种表现方式。

本书立足于当今社会的发展现状和实际，结合新时代城镇发展的新思路、新模式，探讨作为"参与者"的艺术是如何在其中发挥时代作用的。

二、艺术介入的影响机制

凯文·麦卡锡(Kevin McCarthy)将艺术介入的影响机制划分为个人和社区(城镇)两部分。艺术介入对个人的影响主要体现在个人健康、认知/心理、人际关系等方面，而艺术介入对社区(城镇)的影响则体现在经济、文化、社会三个方面(见表1.1)。

---

[1] 新玉言. 以人为本的城镇化问题分析：国家新型城镇化规划(2014—2020年)[M]. 北京：新华出版社，2015：4-7.

表 1.1　凯文·麦卡锡的艺术影响机制

	个体			群体		
	健康	认知/心理	人际关系	经济	文化	社会关系
直接参与	建立稳固的人际关系，积极促进志愿服务活动，进而有效改善心理健康状况 增加自我表达的机会，同时提供更多沉浸于某事的体验 减少青少年的犯罪行为	提高个人成就感 提高个人对社会的归属感 提高个人的技能和创造力	建立个人社交网络 增强与他人合作交流的能力	支付员工工资	增强集体认同感和归属感	通过人们的积极参与来构建社会资本 将不同组织紧密联系起来 为参与者提供与当地政府和非营利组织合作与交流的机会
观众参与	增加享受乐趣的机会，从而有效释放压力	增加文化资本影响和提升个体的空间认知能力 提升学校的作用	增加对他人的宽容度	人们参加艺术活动和当地的商业活动可带来大量收益 艺术场所和赞助企业对当地的财政收支具有间接乘数效应	建立对社会与集体的认同感和自豪感，从而塑造积极的社会规范	将不主动参与社交的人员聚集到一起
艺术家及艺术组织的参与	增加参与艺术的机会，并营造向往艺术的氛围与趋势			提高社区成员参与艺术活动的比例 提高该地区对游客、企业、人才和投资的吸引力 培养"创意产业，刺激经济增长"的生态环境	提升社会形象和地位	促进社会关系的文化多样性发展 减少犯罪和违法行为

(一) 艺术介入对个人的影响

　　青年马克思认为，"劳动创造了人"，并把劳动看作人的本质，看作人的自我确证的本质。[1]也就是说，在劳动中，人类创造了对象化的世界，确立了人的本质。从逻辑上来说，创造的过程中就存在创造第一件工具——人类确定为人的本质，这件工具也就是艺术的起源，因此艺术起源是与人类起源同步的。也可以说，艺术从产生开始就是人类生活的一部分，在这一过程中，人类将自己的生命活动变成了意识对象，而意识涉及自我意志及由此控制的行为。随着劳动创造的物质不断脱离工具范畴，艺术从工具化倾向变得更具道

---

[1] [德]马克思.1844年经济学—哲学手稿[M].刘丕坤，译.北京：人民出版社，1979：116.

德化、情感化，即真善美的统一。《论语·八佾》："子谓《韶》，尽美矣，又尽善也。谓《武》，尽美矣，未尽善也。"[1]孔子十分注重音乐的教化作用，他认为尽善尽美的音乐才能让君子人生圆满，让社会风气良好。虽然武王伐纣尽美，但是充满杀戮气息，而未尽善，而表现舜帝大贤大德的《韶》乐是尽善尽美的。音乐之所以对人格有塑造功能，是因为其发于心灵，并通过实践而创造出形式，因此艺术是直指人心的。所以，艺术介入对塑造人格，升华人们对现实社会的向往，增强社会凝聚力，以及坚定人们精神层面的信念都具有重要意义。

1. 个人健康方面

在个人健康方面，艺术介入可以缓解压力，提高健康水平，增加自我表现的机会，有助于建立人际关系，甚至可以降低犯罪在青少年群体中的发生率。

艺术是心灵的产物，《礼记》有云："乐由中出，礼自外作。"因为艺术是人类心灵的产物，所以艺术可以直指人的内心，对人的内心有净化作用。古希腊哲学家亚里士多德就提出了悲剧的"净化说"，即观看悲剧后，会唤起内心的恐惧和悲悯，从而净化自己的情绪。艺术的情感有高亢的、激情的、哀怨的、悲苦的……无论哪种情感，都是艺术家内心真挚情感的表达，人的感性通过这种纯洁的情感的洗礼，可以引发自己对真善美的思考，因而个人的心理状态就会在感性的洗礼中慢慢平稳下来，进而引发理性的思考。

2. 认知/心理方面

在认知/心理方面，艺术介入有助于增强个人认知和自尊，提高归属感和认同感，提升个人技能和创造能力，增加文化认同感，强化视觉推理能力。

黑格尔说："美是理念的感性显现。"由此可知，艺术需要以感性形式展现，同时形式的背后实际蕴含的是真理，因此受艺术的洗礼，不仅是接受它外在的形式，而且要通过形式理解其背后的文化逻辑。对于文化逻辑的理解则会让艺术成为大众认同的文化，从而形成文化归属感。

3. 人际关系方面

在人际关系方面，艺术介入有助于构建个人社交网络，提高协作和沟通能力。

艺术是无目的、无利害的，但是又能达成人的目的，它以纯粹的思想内涵，让大众享受精神的愉悦，或是受痛苦后而释怀，进而净化大众心灵，激发大家向着共同的、纯粹的理想奋进。大众的关系会在纯粹的理想中变得单纯，从而提升大众的生活品质与工作效率。

对于个人来说，艺术可以净化心灵，让人变得纯粹，变得有感情，变得有文化，变得有理性思维，如此塑造有个性又有社会共同情感的人。

---

[1] 郭丹，等.四书五经[M].北京：中华书局，2019：279.

(二) 艺术介入对社区(城镇)的影响

改革开放以来,中国城市化进程肇始于城镇,但其黄金时代只昙花一现于20世纪80年代。南方谈话之后,中国经济文化的发展重点转向了大城市,城镇与乡村备受冷落。2000年左右,"三农"问题突出,农村、农民与农业成为关注点,2004年3月召开的全国人大十届三次会议上提出了5年内逐步减免农业税的计划。2004年10月,胡锦涛在党的十六届三中全会上指出:"实现工业与农业、城市与农村协调发展。"党的十六届五中全会提出了建设社会主义新农村的重大历史任务[1]。2017年,中央农村工作会议明确了实施乡村振兴战略的目标任务。可以看出,中国一直将城乡看成一对二元体系,随着城乡矛盾的突出,如何将艺术介入乡村,成为艺术界的一个重要研究课题。但除了城市和乡村,中国的社会结构还存在一个介于城市与乡村之间的行政区划——城镇,艺术如何介入城镇成为当下亟需关注的目标。

1. 经济方面

艺术是观念层面的上层建筑,经济必定会对其产生影响,特别是在各种经济互相融合发展的当下,艺术与经济共生、共长,二者相辅相成。无论是艺术形式还是艺术内容,其存在和发展都是以经济为基础的,经济为艺术发展提供保障的同时,艺术形式或艺术内容也会促进经济的发展。艺术介入城镇经济发展可以增加城镇居民收入,促进当地旅游文化消费,提高艺术场馆及场所的营业额,吸引外来企业加强对艺术相关领域的投资,形成良好的、可持续的发展环境,刺激经济增长,带动艺术及文化相关产业的振兴。

2. 文化方面

艺术与文化是相互促进、内在统一的,艺术构成了文化发展中的内涵形式和组成方式,文化是艺术追根溯源和弘扬传承的内在根基。艺术在人类发展进程中,参与、推动、体现和反映了文化发展的各个阶段。同时,艺术作为文化大系统中的重要子系统,必然要归属和依附于文化,并受文化大系统的影响。艺术介入城镇文化发展可以增强城镇居民的集体感、认同感和自豪感,形成积极的社区规范,如多样性、包容和言论自由等,提高社区形象和地位。

3. 社会方面

自古以来,艺术发展对社会文明进程起着巨大的内在驱动作用。艺术推动社会文明进步,促进社会文明升华,打造社会发展的多元形态,甚至可以改变社会发展的整体面貌。艺术介入城镇社会发展,通过参与连接参与者、当地政府和非营利组织构建社会资本,促进社区文化的多样性,减少了社区犯罪和青少年不良行为的发生。[2]

---

[1] 具体提出了"生产发展、生活宽裕、乡风文明、村容整洁、管理民主"等要求。

[2] Guetzkow J. How the arts impact communities[J]. Centre for arts and cultural policy studies,2002: 7-8.

艺术介入对个人的影响可能不会对社区生活产生任何作用，但是有助于个人与整体之间以艺术为媒介和纽带紧密地联系在一起。艺术介入对城镇的影响体现为艺术输入的不同层次和类型与不同类型的输出相关，同时，这种影响也被认为是不言自明的。同等条件下，艺术介入城镇，城镇的发展和文化的输出有着更为广泛和强烈的社会意义。艺术介入可以带来所谓"表演"的呈现，更集中的艺术家以及与艺术相关的组织导致更高的参与度，更多的居民直接加入和以观众身份融入其中，[1]从而更好地解释、明确、定义艺术介入的影响机制在艺术介入上的结果呈现。

综上所述，艺术介入的影响机制可以归纳如下：第一，艺术可以有效构建社会资本；第二，艺术可以促进经济、发展经济；第三，艺术对个人有益。这三个广泛的主张可以概括几乎所有关于艺术介入对社会、经济和个体的影响。

三、艺术介入的实施路径

从20世纪中叶开始，艺术介入就作为一种艺术类社会实践开展起来。艺术介入的表现形式多种多样，多媒体艺术、绘画艺术、环境艺术、公共艺术、艺术市集、艺术节等都是艺术介入的表现形式。具体实施路径如下：调查、了解实施对象现状，制定艺术介入的策略，依据艺术介入对象的不同选择不同的介入形式，深入参与实施对象的发展，重构实施对象文化内涵。艺术介入将多元文化艺术元素融入实施对象，丰富实施对象的文化内涵，为实施对象的发展提供动力。

实践中，主要是以某件艺术作品为出发点，实施过程中涉及授权介入与非授权介入等多种形式。授权艺术介入的案例主要有底特律新艺术博物馆的展览kaBOOM!、Hanging Old Masters backwards、Paul Kuniholm等，非授权艺术介入的案例主要有Concomitant、The black sheep、Taking a hammer to a urinal等。2002年，底特律新艺术博物馆举办了一场展览"kaBOOM！"，在展览过程中，邀请了博物馆参观者砸碎、掉落、投掷和切割艺术品。2006年1月4日，该展览在巴黎蓬皮杜中心的达达艺术展上展出时，马塞尔·杜尚的作品《泉》被77岁的法国行为艺术家皮诺切利用锤子敲击，造成轻微碎裂。被捕的皮诺切利说，这次袭击是马塞尔·杜尚本人会欣赏的表演艺术作品。

此外，艺术介入作为一种特殊"力量"在艺术治疗领域表现优异，美国儿童创伤与丧失研究院(The National Institute for Trauma and Loss in Children)和香港大学的研究表明，艺术介入老年治疗领域有明显成效。通过艺术介入改善老年人的生活质量，采用渐进式和体验式的方法，利用不同的艺术形式和非语言交流方式，可以增强痴呆症与神经障碍患者的表达能力。

---

[1] Stern,Mark J, Susan Seifert C. Cultural Participation and Communities: The Role of Individual and Neighborhood Effects[D]. Philadeliphia: University of Pennsylvania School of Social Work, 2000.

本书的研究从既有的艺术介入概念切入，不拘泥于某种特定的艺术形式，从大艺术视角出发，将城镇作为艺术介入实施的场所或空间，探讨艺术行为在城镇发展过程中所起的作用和产生的增长势能。

四、本书提出的艺术介入理论

与繁华的都市相比，城镇通常是指以非农产业和非农业人口聚集为主要特征的居民点。[1]《周书·晋荡公护传》记载："护率轻骑为先锋，昼夜兼行，乃遣裨将攻梁临边城镇。[2]"《新唐书·陆贽传》记载："平居殚资储以奉浮冗，临难弃城镇以摇疆场。"[3] 自古以来，城镇作为重要的聚集地和居住地，成为人类历史文明进程和发展过程中的关键一环。文明的演进折射出人类在精神层面的追求和渴望，在此过程中，艺术相伴相随，作为一种参与者与城镇共同成长。

艺术介入城镇的路径有很多，有节庆类，如大地艺术节、写生节、电影节、音乐节、戏剧节、民俗表演；有展览展示类，如博览会、艺术展、设计周、服务设计、公共艺术；有艺术场域类，如博物馆、美术馆、工业遗产艺术化改造、非物质文化遗产、艺术园区、美绘城镇等。

艺术介入城镇的过程中，城镇是主体，打造城镇的艺术氛围，进一步增强文化认同感，在凸显城镇文化底蕴的同时实现城镇富裕，使传统城镇成为宜居、宜游的文化艺术多元型城镇。

本书选择对艺术介入城镇而非艺术介入城市进行研究，是因为就艺术介入城市发展的历史、脉络、现状而言，艺术介入城市这一课题目前已经形成较为完善的理论体系，再从艺术的视角对城市与艺术的结合进行研究很难有较大的突破和创新。而艺术介入城镇，目前在中国的发展背景和政策鼓励、扶持下，呈现欣欣向荣的发展趋势，也符合中国城镇化进程的总体规律。

本书立足于中国城镇化发展和进程的自身特点，结合国内外目前对艺术介入理论的研究和探索，最终以乌镇为落脚点，分析文旅融合背景下，艺术介入城镇对城镇化进程中所涉及的旅游、经济、文化、社会等方面的影响。在此基础上，整合案例，提出"一镇千面，特色生长"的理念，在凝练本土文化、打造在地性的同时，将艺术与本土文化相融合，整合城镇发展的自身优势资源，探索和挖掘潜在市场空间，强化、塑造和推广城镇的品牌影响力与价值力，推进多元性发展，从而达到艺术介入城镇发展，提升大众文化素养，促进精神文明建设的最终目的。

---

[1] 中国浔阳网. 城市规划基本术语标准[EB/OL]. [2022-08-11].

[2] 张怀通.《尚书》新研[M]. 北京：中华书局，2021：343.

[3] 孙昌武. 隋唐五代文化史[M]. 上海：东方出版中心，2007.

第二节　文旅融合理论

一、文旅融合的政策背景

　　学者Pearce Douglas提出区域旅游的五大空间影响要素：吸引物、交通、住宿、支持系统和基础设施。其中，吸引物为核心，吸引物可以是风景，也可以是文化。文化是一个复杂的概念，包括人类的知识、信仰、艺术、法律、道德、风俗等上层建筑的内容，甚至人的行为也可以看作文化，因而文化是人类在社会中各类活动、习惯的综合体。[1]文化的背后隐藏着丰富的个人和集体情绪，暗示了人们的精神文化需求。如今，随着经济发展，物质文明程度不断提升，人们对精神文明的需求不断增多，"旅游+文化"的模式成为越来越热门的选择。

　　在我国，旅游业已由景观旅游发展为休闲旅游，并逐步走向文化旅游。文化和旅游在政策层面融合后，文旅产业话语权将大大加强。政策是事业发展的制度保障，文化与旅游事业在很多领域具有交叉性和融合性，应积极开发文化与旅游深度合作模式，进而推动其发展。

　　2009年7月22日审议通过的《文化产业振兴规划》是我国第一部论述文化产业的专项规划，它的出台标志着国家从政策上支持推动文化产业的振兴。[2]不到两个月的时间，文化部、国家旅游局出台了《关于促进文化与旅游结合发展的指导意见》，该文件提出"文化旅游"的概念，是推动传统文化发展的重要文件。此外，国务院于2009年12月1日发布了《关于加快发展旅游业的意见》。为了进一步推动社会主义文化繁荣，2011年11月召开的党的十七届六中全会通过《中共中央关于深化文化体制改革、推动社会主义文化大发展大繁荣若干重大问题的决定》。2012年2月23日，文化部颁布《"十二五"时期文化产业倍增计划》，希望文化产业能够为社会经济的发展作出贡献。2012年11月，党的十八大报告首次提出"建设美丽中国"的概念，美丽中国不仅要求环境美，还要求文化美，这为文化在城乡的发展提供了巨大的推动力。2014年2月26日，国务院发布的《关于推进文化创意和设计服务与相关产业融合发展的若干意见》指出："以文化提升旅游的内涵质量，以旅游扩大文化的传播消费。"2016年5月，文化部、国家发展改革委、财政部、国家文物局联合发文《关于推动文化文物单位文化创意产品开发的若干意见》，希望文化能够转化成产品，从而实现旅游与文化进一步融合，提升旅游的文化品质，促进中华文化的广泛传播。2016年12月7日，国务院发布《"十三五"旅游业发展规划》，希望文化与旅游业融合发展。2017年4月12日，文化部出台《"十三五"时期文化产业发展规划》。

---

[1] [英]爱德华·泰勒. 原始文化[M]. 连树声，译. 上海：上海文艺出版社，1992：1.

[2] 国务院. 文化产业振兴规划[S]. 江淮，2010(7)：15.

2018年3月，国家成立文化和旅游部，该部门的成立是文化与旅游高度结合的标志，预示旅游业将出现新的发展契机。

除了出台政策推动，国家更是以开展实践活动的方式促进文旅业的发展。2010年，文化部和国家旅游局联合推出以"文化旅游、和谐共赢"为主题的"中国文化旅游主题年"系列活动，既为旅游业注入了精神力量，也助推了文化的发展。

综上所述，文旅结合已经成为国家层面的战略，在国家政策的大力支持下，促进文旅结合成为目前改革旅游业、促进产业升级的重要契机。

从大众层面看，人民对精神文化生活的需求也越来越多。2019年，国家统计局发布的《消费市场日益强大 流通方式创新发展——新中国成立70周年经济社会发展成就系列报告之十一》指出："随着居民生活水平的稳步提高和市场供给端的长足进步，消费热点由满足人民群众物质生活需求的实物消费向体现人民美好生活需求的服务消费转变。大众餐饮、文化娱乐、休闲旅游、教育培训、健康养生等服务消费成为新的消费热点。"报告还指出，我国旅游业的人数、收入都在不断增加，这是一种好现象，表明大众对"文化+旅游"的生活模式越来越重视。在这样的背景下，相关部门更应该抓住时代的命脉，在实现旅游业产业升级的基础上，为大众提供高品质的文旅服务。

从数据来看，无论是我国国内旅游市场，还是国外游客入境旅游市场，都呈现增长的趋势。从2019年数据来看，国内旅游人数高达60.06亿人次，比上年增长了8.4%。出入境旅游市场亦是同步增长，2019年全年我国的旅游总收入高达6.63万亿元，同比增长11%。[1]数据证明，旅游产业是我国经济发展的支柱产业。

随着旅游业的繁荣，如何进行文旅融合，在推动旅游市场发展的同时，将中国文化传播到世界各地，成为我们急需关注的问题。只有紧紧把握时代的命脉，不断促进产业升级，才能促进人们的社会生活水平全面提高。

二、文旅融合背景下的产业融合理论

虽然国家在政策层面为旅游与文化的高度融合提供了大力支持，但是如何将两者高度融合，实现文旅业的繁荣与发展，仍需要不断地思考与实践。目前，关于文化与旅游的关系有以下几个观点：第一，"灵魂与载体"；第二，"诗和远方"；第三，"资源和市场"。[2]就第一点来说，旅游业是文化的载体，需要将文化融入旅游对象，让观众在旅游过程中感受到灵魂的碰撞；就第二点来说，旅游的对象不是对象本身，而是心灵的归宿，如此应将旅游对象塑造成能够提供诗意生活的方式；就第三点来说，文化与旅游的融合需要考虑文旅资源是否存在市场需求。从文化与旅游的角度看，这三个观点都有可取之处，

[1] 2019年旅游市场基本情况. 中华人民共和国文化和旅游部.
[2] 李任. 深度融合与协同发展：文旅融合的理论逻辑与实践路径[J]. 理论月刊，2022(1)：88-96.

无论如何，我们思考文旅结合的方向的同时，也需要考虑结合的对象是否有市场需求。结合的对象需要"活"起来，所谓"活"起来，就是不能仅做静态的展示，而是要转化成大众能够接受的方式，这样游客才能与对象有更高层次的交流，文化才能成为旅游的助手，进而让游客感受到灵魂的震撼。因此，文旅的融合不是将文化作品摆放在那里做展示，而是通过深度挖掘文化资源的要素和优势，结合资金与市场，实现可持续发展。

文化产业和旅游产业的融合有助于实现对旅游资源的挖掘和对文化资源的利用，在这个过程中，就会带来产业升级、转型的可能性，产生更多的文化、经济、社会、生态效益。

文旅融合背景下的产业融合，是指在某一产业体系内不同的行业之间或不同的产业体系之间相互渗透、融合，互为一体，最终形成"大生态圈"，打造产业发展新业态、新的产业链条体系的综合过程。在这个过程中，文化是灵魂，旅游是文化产业发展和壮大的载体，"文化+旅游"的融合发展模式可以扩展不同产业体系的发展空间，夯实不同产业综合发展的基础。"文化+旅游"产业融合模式下，文化依然起着发现和创造产业价值的主动力作用，旅游发挥着产业融合价值体验和分享的助推器作用，彼此相互渗透，形成耦合发展和跨界发展的边际效应。

此外，"文化+旅游"产业融合模式可以满足人们多样化、品质化和个性化的生活需求，赋能生产和消费的各个端口，激活消费潜力，创造、生成新的产业发展业态和格局，提升消费空间，推动各产业之间互融互通、转型升级、结构优化，全面提升产业融合发展的内在竞争力。产业融合可细分为产业间相互渗透、产业间相互交叉和产业间重组重构三种类型。产业融合是在全球经济发展一体化、信息技术高速发展的时代背景下，顺应不同产业间转型升级趋势、提高行业/产业核心竞争力和生产效率而形成的新的产业组织形式。

当然，同时着眼于文化和旅游要素的"文化+旅游"模式和更加关注转型发展的"文旅+"模式，都是文旅融合的多元模式的典型代表。

文旅融合背景下，产业融合主要有以下特点。

其一，产业融合有利于促进文旅产业创新、结构优化、转型升级与发展。产业发展的推动力有内、外两种，内需的提高是文旅产业发展的本质动力。产业融合有利于促进传统文旅产业的创新发展，与其他新兴产业的融合可以突破现有的产业瓶颈，升级传统文旅产业中的产品、服务，满足消费者的新需求，释放内需潜力，实现市场推动下的需求促进循环，提升文旅产业的体验和分享价值。

其二，产业融合有利于促进文旅产业市场结构趋向合理化。由目前的产业市场结构分析可以得出，当有限的文旅市场容量和产业追求经济效益相结合时，就会导致产业生产体系的过剩、集中，单纯改善市场资源分配结构不能从根本上满足长远发展的需求，而相关企业却在逐渐减少。产业融合可以在一定程度上重建文旅市场中的行业关系和竞争关系，改变传统垄断市场的现状，将文旅产业推向市场，形成良好的生态竞争机制。

其三，产业融合有利于提升文旅产业的竞争力。传统的文旅产业热门因素在多年的市场竞争中逐渐失去了竞争力，新的发展模式能够为产业带来新的增长点，文旅产业与新兴产业的融合，为文旅产业提供了新的发展空间，将文旅产业引入合理的竞争体系，促进产业融合、转型、升级。同时，良性的产业融合带来因地制宜的发展轨迹和方法，能够避免竞争中出现的一些恶性问题，如同质化、过度破坏环境等。

其四，产业融合使文旅资源实现重组，推动经济一体化发展。产业融合将打破传统文旅产业发展模式下行业之间或产业之间的壁垒、界限，增强产业间的关联性和资源的流动性，改善行业发展的"二元结构"局限，推动和实现文旅产业领域的经济一体化。

三、文化、艺术产业与旅游产业的融合发展

产业融合背景下，文化、艺术与旅游互相辅助、协同并进，形成可持续发展模式。文化、艺术为旅游产业的发展提供内在精神支撑，而对旅游产业的正确引导将促进旅游相关经济活动对文化、艺术产业的反哺、传播和保护。缺乏文化、艺术产业支撑的旅游产业是空洞乏味的，脱离旅游产业的保障，文化、艺术产业难以形成完整的价值链体系。文化、艺术产业与旅游产业的融合发展有利于加速旅游产业转型升级，促进文化、艺术产业繁荣发展。这种融合发展模式已经成为社会繁荣稳定、顺应时代发展的潮流趋势。[1]

关于文化、艺术产业与旅游产业的融合发展，需要关注以下几点。

第一，文化、艺术产业与旅游产业融合发展的内在关系和阐释。文化产业和旅游产业在内涵的理解和表述方面虽然不同，但二者在本质上存在关联性，均具有相似政策背景。文化产业和旅游产业的融合发展，不仅体现为外在形式的统一性，还体现在内部产业融合、产业链条交叉、创新机制互补等多方面。相同的政策背景，促使文化产业和旅游产业的融合发展更深入和更具针对性。

第二，文化、艺术产业与旅游产业融合体系的评价指标。关于文化艺术产业和旅游产业的融合发展，目前国内的研究多集中在政策、理论研究层面，具体实践层面的案例——乌镇具有鲜明的代表性。而由于相关数据资料的局限性，对文化、艺术产业与旅游产业融合体系的评价指标的研究则更为少见。但是，还是可以从文化、艺术和旅游角度分别进行分析，文化、艺术产业侧重精神层面的评价指标，具体体现在艺术形式的多样性、艺术内容的丰富性等方面；旅游产业的评价指标则强调物质层面的满足，表现为区域内旅游的规范性、配套设施的完备性等。

第三，文化、艺术产业与旅游产业融合产生的效益。文化、艺术产业与旅游产业的融合可以产生良好的社会效益，这是其他产业融合难以匹敌的。此外，文化、艺术产业与旅

[1] 申玉莹. 文化与旅游产业融合测度及其影响因素研究[D]. 山东财经大学，2022.

游产业融合是一项系统的、复杂的工程，涉及多个主题及多个个体因素，对社会新业态、发展新形式的形成和改善大有裨益。[1]

文旅深度融合的实现方式有很多，文化、艺术产业与旅游产业在实践中进行融合的路径也有很多，加强高素质人才队伍建设，推动创意、创新产品研发，利用现代科学技术手段赋能等都是有效的方式。同时，整合多种资源形成一体化的战略发展模式也是非常重要的，"文旅+"的发展模式就是要找到与此相关的各个产业的结合点，然后推动其他资源与文化、艺术产业和旅游产业交融，开发出有无限可能性的新模式，比如"文旅+工业"的模式可以将富有艺术气息和人文情怀的工业园区作为旅游场所，同时，开拓文旅商品的消费市场。另外，"文旅+农业""文旅+养生"等也都有类似的效果。在这个过程中，不仅能够促进文化、艺术产业的发展，提高旅游产业的效益，还能促进与此相关的其他联动产业的发展，打造富有多元含义的IP，进一步激活市场主体的活性，全方位促进地区发展。

---

[1] 王朝才，李淑一，刘奥，申学锋. 我国农村产业融合研究述评[J]. 当代农村财经，2022(6)：14-19.

第二章

"乌镇时间"：艺术介入开启
乌镇发展新模式

第一节　乌镇本土文化剖析

　　艺术介入并不是为达到某种目的，而强行在某地进行某种艺术活动或植入艺术作品，这只会破坏当地的自然与文化环境。《周易·系辞下》中有："古者包牺氏之王天下也，仰则观象于天，俯则观法于地，观鸟兽之文与地之宜，近取诸身，远取诸物，于是始作八卦，以通神明之德，以类万物之情……"[1]可以看出，中国人的"立像""造物"活动并不仅仅是实践，其中包含着对自然的认识、体验与情感，当这一实践在某地流传很长一段时间后，就形成了文化。中国某些建筑追求"天人合一"，建筑背后蕴含着遵循自然的法则，不同的文化导致不同地域有着不一样的建筑空间，人们就围绕建筑"场"形成了一个文化圈。若要实现艺术介入某地，应将艺术与当地的自然、人文环境紧密结合在一起，而不是强行对其进行改造。如此，了解一个地方的文化便成为艺术介入的关键步骤。

一、乌镇历史文脉

　　乌镇是中国历史文化名镇和中国十大魅力名镇，著名历史地理学家陈桥驿先生把它看作中国江南城镇体系中的一颗璀璨的明珠。乌镇有七千多年的文明史和一千多年的建镇史，是古代著名的军事重镇、交通枢纽、鱼米之乡。乌镇名称的由来见图2.1。

---

[1] 陈鼓应，赵建伟. 周易今注今译[M]. 北京：中华书局，2020：389.

乌镇古名乌墩、乌戍。乌墩之"墩"，王雨舟在《二溪编》中说"乌镇古为乌墩，以其地脉坟起高于四旷也……"，解释得已够明白。但何以称"乌"呢？有很多种说法。一说是"越王诸子争君长海上分封于此，遂为乌余氏，故曰乌墩"；一说"因土地神乌将军而名乌"；一说"乌有乌陀古迹，青有昭明青锁"，故有乌、青之名。此数说前人都提出异议，以为或无证，或附会，或缺乏历史常识，卢学溥编修《乌青镇志》时也逐加批驳。同时，他提出一个较为合理的说法，这个说法是在清康熙二十七年（1688）乡贤在《乌青文献》中提出的："乌墩、青墩之名，其从来远矣……大都江山自开辟以来，何有其名字？皆世谛流布相承耳，如'齐鲁青未了'，'澄江静如练'，是为山水传神写照语也。乌青之义盖类此。"

图2.1　乌镇名称的由来

乌镇先民七千多年前就在这片平原腹地上繁衍生息，车溪河将其分为东西两地，分别称为乌墩和青墩。夏末周初，两地划分为两国，分而治之。春秋时期，乌墩改称乌戍，战火四起，成为兵家必争的重要军事重地。乌镇为吴越边境，地处"三郡六邑之屏藩"，吴国在此安排军队备战，"尤为重镇"。秦一统天下后，将乌墩和青墩划分为两镇，开启新的行政管辖格局。[1]唐朝至后梁时期，乌镇隶属苏州管辖。咸通十三年(872 年)，朱洪撰并书的《索靖明王庙碑》中出现"乌镇"一词，同时期的《重创赐扬州浙西道乌青镇光福教寺碑》中出现"乌青镇"一词。这是目前所知将此处称为"镇"的最早记载。隋唐时期，驻军达五十名以上称为镇，因此乌镇属于有军队镇守的市镇。[2]元丰初年(1078年)，乌墩和青墩改称乌镇和青镇，乌镇之名初步确定。宣德五年(1430年)至清朝末年，乌镇和青镇的称谓与行政属性的划分一直未变。民国时期，分而治之的状况依旧保持，直到新中国成立后的1950年，乌镇和青镇才正式合二为一，统称乌镇，行政管辖权隶属嘉兴，直到今天未曾改变。[3]

[1] 周乾松. 中国历史文化名镇：乌镇史研究[M]. 杭州：浙江大学出版社，2015：22.

[2] 郭倩. 当代乌镇文化研究[D]. 上海师范大学，2019.

[3] 乌镇旅游官方网站[EB/OL]. [2022-08-15].

　　乌镇属于人们常说的江南地区，实际上，"江南，泛指长江以南地区，近代则专指江苏省南部和浙江省北部一带"[1]。李伯重的《多视角看江南经济史(1250—1850)》、费孝通的《江村经济——中国农民的生活》、阮仪三的《历史文化名城保护理论与规划》和《阮仪三于江南水乡古镇》、周学鹰和马晓所的《中国江南水乡建筑文化》等都从不同角度，如地理、产业、聚落文化、保护与开发措施等，对江南地区的古镇或小镇做过分析。乌镇属于古镇，就现在的定义来说，它介于繁华的城市和朴实的乡村之间，因为水资源等地理优势而较早具有了产业优势，农产品的商业化与产业分工的较早完成促进了市民生活的发展，推动了经济、文化的再发展，最终形成一个以水为基础的产业兴旺、文化独特的人类聚居地，拥有独特的自然环境和人文氛围。当然，乌镇也受到过旧民主主义、改革开放后的部分人与自然关系异化行为等现象的冲击，没能及时跟上城市化的脚步，比如20世纪90年代的乌镇就没能成为最早搭上改革开放的顺风车的古镇。即便是这样，乌镇依然保持着高于一般乡村的经济、文化优势，也依然形成了一些世俗化的发展成果。经济方面的产业融合与文化方面的传承优势成就了乌镇，在经济一向较为发达的江南地区，乌镇的文化底蕴和传承方式成了乌镇特有的优势(乌镇风光见图2.2、图2.3)。

图2.2　乌镇风光(1)

[1] 陈正祥. 中国文化地理[M]. 北京：生活•读书•新知三联书店，1983：11.

图2.3 乌镇风光(2)

　　文化传承方面，乌镇有七千多年的文明史，乌镇文化属吴越文化，该文化形成于先秦时期，又称江浙文化，是江浙的地域文化，存在于以太湖流域为中心的吴语区。[1]所谓吴

[1] 冯普仁. 吴越文化[M]. 北京：北京文物出版社，2007：2.

越文化，得名于先秦的吴、越两国，吴、越多水，尤其是吴地，"吴中泽国也"[1]。乌镇镇域内河流分布见图2.4。这里本来民风淳朴、豪迈，但是三国两晋时期，由于衣冠南渡的影响，居民变得更具士夫气质，也更有清秀儒雅的审美情致，配合江南烟雨朦胧的环境，乌镇逐渐成为中国诸多地区文化中精致秀美的典型代表。

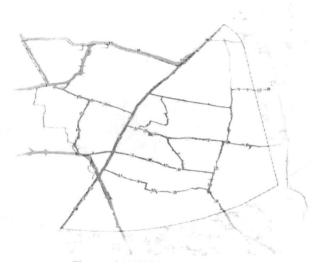

图2.4　乌镇镇域内河流分布图

受此文化熏染，文教更加发达，乌镇的名人大家荟萃，从一千多年前中国最早的诗文总集编选者梁昭明太子、中国最早的镇志编撰者沈平，到理学家张杨园、藏书家鲍廷博、晚清翰林严辰和夏同善等都是乌镇人。据不完全统计，从宋朝到清朝，乌镇共走出了进士68名、贡生160名、举人161名，荫功袭封人数高达136名。近代的文学家茅盾等也是乌镇人。这一方面得益于良好的自然和文化环境，另一方面得益于优越的经济条件。[2]良好的文教渊源为乌镇奠定了经济发展不可缺少的文化基础，人才是文化活动的载体，是代代相传的根本。

民俗风情方面，乌镇具有典型的江南水乡特色，有贺岁拜年、元宵走桥、清明踏青、天贶晒虫、中元河灯等丰富多彩的民俗活动。

贺岁拜年俗称过年，是最隆重的传统节日活动之一。新年的前一日称为除夕，即大年夜，乌镇人民围坐在一起合家聚餐吃年夜饭。贺岁拜年时，人们着盛装向长辈行礼，长辈则以压岁钱的方式回赠晚辈。正月初一，乌镇人民会早拜年、放鞭炮、拜天神等。随着时代发展和社会文明的演进，乌镇贺岁拜年的习俗虽有简化，但这种文化精髓的呈现方式并未改变，传承和体现着乌镇年文化的独特韵味。

[1] (清)袁景澜.吴郡岁华纪丽[M].南京：江苏古籍出版社，1998(12)：131.

[2] 刘沛林.古村落：和谐的人居空间[M].上海：上海三联书店，1997：17.

元宵走桥是基于乌镇特有的桥文化产生的，每年农历正月十五，乌镇人民走出家门，进行"走桥"。这个过程中要走完十座桥，且不能重复，这种特殊的仪式感源于古代医疗不发达时，人们摆脱瘟疫或疾病的一种避灾禳解活动，因此元宵走桥也被称为"去百病"(乌镇的小桥和花灯见图2.5)。

图2.5　乌镇的小桥和花灯

清明是中国二十四节气之一，各地在这个时节都有踏青的习俗，而乌镇的清明踏青则与当地养蚕习俗相关。清明的前一夜，乌镇人民开始做青团、设祭"禳白虎"，在家门口用白色的石灰画出弓矢的形状，以祈求养蚕的顺利。这一天，蚕农们齐聚普静寺，进行烧香仪式，为养蚕业祈祷，这种仪式也被称为香市(香市节堂会见图2.6)。因为古时候的娱乐活动匮乏，人们也没有太多的物质享受，所以这个仪式逐渐变成人们庆祝和享乐的狂欢活动。茅盾曾经在文章中描述了香市的场景，可以说吃喝玩乐样样全，有茶馆、戏场、杂耍等。[1] 2001年，乌镇景区恢复了香市，极力还原这一民俗活动，让人们能够重温茅盾笔下的香市盛况。在保留蚕仙巡游、蚕花庙会、踏白船、曲艺杂耍等传统民俗文化活动的同时，乌镇香市还增加了嘉年华演出、踏青游春、雅集打卡等活动项目。当然，清明的活动还有很多，如有蚕桑丰收之意的"清明三船"踏白船、高竿船、拳船表演等。

天贶晒虫习俗起源于赵桓皇帝精心编造的一个梦，经后人"改良"，演变为如今每年农历六月初六举行的天贶晒虫。这个时节正值江南盛夏，烈日炎炎，是曝虫晒霉的最佳时刻，乌镇人民晒衣物、晒书籍，还会晒热水给小孩洗澡。据说这种仪式可以避虱蛀，这种

[1] 茅盾. 香市[J]. 申报月刊，1933(7).

美好的愿望一直延续至今。

图2.6　香市节堂会

中元节也称为七月半，即农历七月十五。这一天，除了佛教和道教会举行盛大仪式，乌镇家家户户都会举行祭祀祖先的仪式，因此，民间也称中元节为"鬼节"。中元河灯的习俗最早可追溯到南宋，乌镇先民制作各种灯笼，点燃蜡烛，将各种材料做成船的形状放入河中。佛教、道教和普罗大众对这种放河灯的仪式有不同的称谓，但都是为了传达一种美好的愿望。

除此之外，乌镇还有许多民俗艺术活动，如木心曾经写下自己看戏的一段经历："至今我还执着儿时看戏的经验，每到终场，那值台的便衣男子，一手拎过原是道具的披彩高脚背椅，咚地摆定台口正中，另一手甩出长型木牌，斜竖在椅上——'明日起早'。""奇怪的是戏子们在船上栗栗六六，都不向岸上看，无论岸上多少人，不看，径自烧饭，喂奶，坐在舷边洗脚，同伙间也少说笑，默默地吃饭了。"[1]

[1] 木心.温莎墓园日记[M].桂林：广西师范大学出版社，2006：6.

历史文化名胜方面，乌镇的文脉丰富、多元，横跨古今，有江南百床馆、江浙分府、江南木雕陈列馆、余榴梁钱币馆、文昌阁、茅盾故居、古戏台、木心美术馆等。江南百床馆作为中国第一个以江南古床为收藏对象的博物馆，以其收藏有横跨明、清及近代的古床精品而享誉海内外，其藏品既有普通江南百姓家朴实的古床，也有富庶贵族家奢华的古床，是中国目前为止床文化的集大成者。江浙分府是乌镇发展历史中特有的"符号"，设立于明朝，历经几百年，数次更改地址，直至2004年才被重新修复。江南木雕陈列馆本是乌镇有名的徐家祖宅，因收藏精致、美丽的木雕而闻名，其所藏木雕题材丰富，雕刻手法不拘一格，体现了独特的江南地方特色和民俗风情。余榴梁钱币馆(见图2.7)收藏了世界上超过两百个国家和地区的两万六千余种钱币，皆为余榴梁先生收藏。文昌阁是古代文人读书的地方，沿河而建，独立成阁，具有独特的乌镇文化氛围。茅盾故居因茅盾而得名，茅盾作为历史文化名人，其所居住的住所被列为国家重点文物保护单位，这也是迄今为止乌镇唯一的全国重点文物保护单位。矛盾故居为木质结构，坐北朝南，富有独特的江南世代书香静雅之气。古戏台始建于乾隆年间，历经磨难，现已恢复原貌，成为桐乡花鼓戏表演的重要舞台。木心美术馆建造时间较短，作为近现代建筑，它是以乌镇文化名人木心的名字命名的，陈列着木心先生人生不同阶段的重要作品、手稿等，其中，绘画作品六百余件，文学手稿数千份，呈现了一个立体、饱满的历史文化名人形象。

图2.7　余榴梁钱币馆

乌镇的饮食文化和民间工艺也十分繁荣，有许多特色食物，如姑嫂饼、红烧羊肉，特色工艺品有蓝染布、陶瓷制品等。

1999年开始实施开发时，乌镇就坚持开发就是保护的理念。2000年开始，乌镇正式确立了"保护第一、修旧如故、以存其真"的保护方针。基于这样的理念，乌镇既保护了传统文化，又在此基础上走出了一条独树一帜的道路。[1]至少，在江南六大古镇里，乌镇不是发展最早，但其发展状况却是相对最好的。

当然，乌镇能有今天的成绩并不是一蹴而就的。1999年至2003年是乌镇初创期，主要以传统的观光为主；2007年至2010年，乌镇由一个以观光为主的小镇变成一个具有体验性质的度假小镇；2013年之后，随着当代艺术的引入、修建博物馆等活动的兴办，乌镇一跃成为大众的艺术圣地。可以看出，乌镇已经由具有独特文化传统的地方小镇变成具有独特文化价值且有时代特色的典型城镇。

二、古镇风情：乌镇文化新解读

镇，之所以能够保存下来大量的文化遗产，是由其在社会结构上的独特性造就的。与城市不一样，镇介于城市与乡村之间，在城镇化的过程中，大量人口处于离土不离乡的状态，因此大量的传统文化被保留了下来，再加之其城市化进程远远赶不上中、大型城市，所以大量传统建筑未受到破坏。虽说中国农村人口进城是从镇上打开的缺口，但是其聚集的生产生活模式，以及所保留的大量乡土文化，让镇成为具有"怀旧"意义的大面积空间。

多年来，城市化进程不断加快，城市工商业发展速度逐年提升，在物质需求得到极大满足的时代，人与人、人与自然、人与社会的关系不断发生变化，许多人开始怀念那似乎还未彻底远离的农耕时代，以及被高楼大厦里的小家庭生活方式取代的聚落文明。生活在车水马龙的都市里的人们，不再满足于欣赏山水自然景色的旅游方式，开始寻求简单视觉享受与休闲度假相结合的旅游方式，因此对具有浓厚文化底蕴的古镇中山清水秀的景色和悠闲的生活方式格外向往。古色古香、淳朴自然、历史寻根、文脉流传……越来越多的旅游者秉承这样的愿望寻找合适的旅游目的地。古镇优于乡村的经济水平为旅游者提供了相对较好的生活环境，能够满足旅游者的世俗化的需求，而未能完全城市化的环境和保存相对较好的农耕文明、吴越文化遗存又满足了旅游者对自然和历史的向往。

---

[1] 郭倩. 当代乌镇文化研究[D]. 上海师范大学，2019.

这可以被称为怀旧，怀旧是中国人很早就有的一种情绪。《周易》所说的"凡君臣上下，以至万物，皆有相感之道"[1]，包含的其实就是这种情绪。早在汉代，就有班固的"愿宾摭怀旧之蓄念，发思古之幽情"，而其后的怀古思乡诗词和现当代的乡土文学更是有力的证据。"怀旧"作为一种研究对象，最初属于病理学范畴，是17世纪晚期的一名瑞士医生提出的，如今早已延伸到社会学、心理学、人类学等范畴。对于那些带有怀旧动机的游客而言，个人和集体两种怀旧情绪都迫切地需要被满足，尤其是集体怀旧情绪，对居住环境提出了更高的要求。

关于人类居住的问题，吴良镛先生在《广义建筑学》中指出："人类的居住包括必不可少的两个组成部分：一是其人工的构成部分，二是其自然的构成部分，两者综合起来，便构成了'居住环境'。"[2]乌镇等古镇的存在提供了居住环境转换的可能性，哪怕只是短暂几天的旅游带来的转换。"汪曾祺笔下的高邮、陆文夫笔下的苏州、叶兆言笔下的秦淮、苏童笔下的枫杨树村"[3]等江南古镇越来越受欢迎，人们可以通过到访和暂时居住来感受这里的独特性，并通过自己的理解进行"理解的循环"中的二次感受。这种旅游方式可以被称为旅游者的怀旧旅行，当然它的本质是"古镇文化+旅行"。"古镇文化+旅行"，不仅满足了有个人怀旧情绪的到访者的需求，也给那些没有强烈执念的旅游者带来了解新的文化类型的机会，满足好奇心理，营造一种暂时的集体怀旧氛围。外来者与古镇人、古建筑、古物件等产生视觉、听觉及触觉等感官接触以后，就能够感知许多特定的历史氛围，进而结合自己的理解产生独特的体验，也就是参与了"理解的循环"。

如今，"古镇文化+旅行"的模式逐渐走进人们的日常生活，作为一种新的文旅融合模式，集传统文化、地方特色于一体，在古朴中继承，在新潮中探索和发扬。每个小镇都以其独有的历史文化底蕴，在文明发展的历史长河中生生不息，谱写了新的文明篇章。乌镇作为古镇的代表，由近几年的发展模式可以发现，乌镇整体的发展离不开"文化+旅游"的"组合拳"模式。最初乌镇的发展是在保护地方文化的基础上进行，以保护为前提进行挖掘和开发。随着产业融合发展模式的日渐成熟，乌镇开始以创新为前提进行当地特色文化的弘扬和开发，并从传统的旅游观光模式蜕变成旅游文化发展模式(乌镇的古建筑见图2.8)。

[1] 程颐. 二程集(下册)•周易程氏传(卷三)[M]. 北京：中华书局，2011：854-855.

[2] 吴良镛. 广义建筑学[M]. 北京：清华大学出版社，1989：10.

[3] 邹静. 论苏童笔下的小城叙事[D]. 扬州大学，2012.

图2.8　乌镇的古建筑

　　就乌镇的整体经营而言，有人认为乌镇的主题文化发展模式是主题公园模式，也就是"迪士尼化"的发展模式，但实际上，乌镇的发展模式与"迪士尼化"模式截然不同，它克服了迪士尼等同类主题公园模式的弊端，尤其是在文化方面。在社会学领域，迪士尼化会剥夺一个地区原有的文化特质，用一种虚假的消费文化来侵占这个地方的固有文化，带来一种非本土的主题化现象。而乌镇凭借其统一产权的手段和整体开发的模式，缓解了国内古镇旅游建设与运营的四大难题：①过度商业化导致古镇文化衰退；②同质化导致区域恶性竞争；③破坏性开发危及旅游资源；④旅游开发与古镇居民产生诸多矛盾。乌镇做到了繁荣，又避免了这种迪士尼化的弊端，甚至是反其道而行之，发展出富有本土特色的主题化或者能保留本土、与本土共生的文化。

　　可以说，乌镇找到了自己的发展模式，这种模式虽与迪士尼化相似，但又不完全迪士尼化。乌镇不仅仅开发和保护那些能够引起人们怀旧情绪的传统文化资源，也不断提升自己的国际竞争力。多彩的活动焕发了乌镇的活力，也更新着乌镇的形象。

就文化乌镇的塑造和推广而言，正是近年来戏剧节的成功举办将乌镇的文化品牌推向了新高度。2013年，乌镇戏剧节，由中国台湾著名戏剧导演赖声川、演员黄磊和文化乌镇股份有限公司总裁陈向宏发起。戏剧节带来了一系列内容丰富多彩、形式不拘一格的相关活动，使得千年古镇焕发生机，打造了全新的、享誉中外的特有文化IP。各种戏剧节目的展演就像古朴魅力和新潮元素并存的文化大餐，成就了一场场令人难忘的艺术文化盛事(话剧《大先生》剧照见图2.9)。

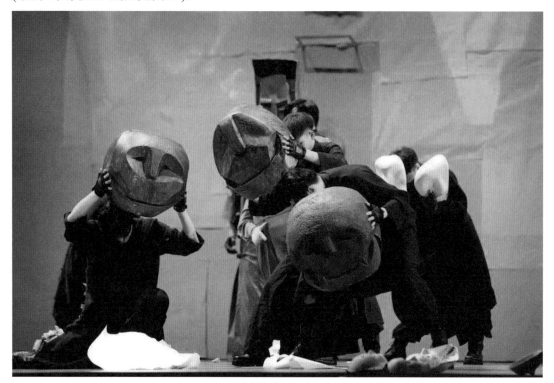

图2.9　话剧《大先生》剧照

丰富多元的艺术主题和艺术介入方式使得乌镇这座历史古镇焕发新的风采。"步履环境"中国乌镇•中国美术学院雕塑与公共艺术学院粮仓艺术展、"以艺术之名，兴乌镇之实"——2019乌镇当代艺术邀请展、"时间开始了"——2019乌镇当代艺术邀请展、"妹岛和世讲座"——环境与建筑、乌镇当代艺术邀请展等文化活动，为古镇文化在新时代的发展注入了更加多元的发展可能性。

从商业角度来说，乌镇戏剧节的举办，开发出不同于只依靠票价收入生存的模式，而是通过各类文化主题活动将乌镇从观光、度假小镇变成了文化小镇。各类文化主题活动一方面通过传统文化与现代文化、文化主题与商业适度消费在田园环境下交织，让旅游者获得混合享受；另一方面通过表演，让旅游者在不同感官上获得情感体验。当然，这也吸引了年轻人的注意力，从管理上说，这抓住了不同层次人群的需求。陈向宏说道："我时常和同事们说，我们的旅游产品是做给'00后'的。"[1]这种模式的形成得益于统一产权的手段和整体开发。目前，很多人称乌镇的这种发展模式为"乌镇模式"。[2]关于"乌镇模式"一词，并不是最近才流行的词汇，它最早出现在联合国对乌镇东栅的考察资料中，"当时没有明确提出这就是乌镇模式，但是你说要把乌镇的经验向全世界推广，那不就是乌镇模式吗？"[3]

当然，随着乌镇的发展和乌镇名气的不断提升，尤其是上海世博会时期，乌镇作为古城保护和活化利用的经典案例得到了在世界面前展示发展成果的机会，得到了越来越多的关注，而且研究乌镇发展模式的人越来越多，也就越发促使所谓"乌镇模式"的形成。在谈到"乌镇模式"的时候，张晓峰先生曾表示："乌镇模式应该是存在的，但是这种存在并不是某个人说你就是乌镇模式或者某个机构说是乌镇模式，就意味着乌镇模式诞生了，而是最终得到了行业的公认，大家都认可乌镇所取得的成功，在保护方面的成功、在开发方面成功和在运营方面的成功，然后觉得这种模式非常值得学习和借鉴。"[4]乌镇的这种成功模式，从某种意义上说，始于乌镇的艺术，不仅包括千年文脉传承下来的艺术，也包括多元交汇在此的艺术。

值得注意的是，始于乌镇的艺术，所触及的问题将不止于乌镇。乌镇犹如一个包容万物的容器，在这里，艺术可以延伸为各种可能。乌镇的水网密布，四面八方的水流入，也流出，而艺术和无限可能性也随着水流进入这个地方，再从这里开始一段新的旅程，带着新的活力和希望，蜿蜒流出。

三、解析乌镇形象的独特性

作为典型的江南水乡古镇，乌镇被称作"鱼米之乡""丝绸之府"，它不仅将晚清格局完整地保存至今，还将民国水乡古镇的风貌完美延续。以河成街、筑屋，水镇一体，使乌镇的历史遗迹独具韵味、村因水兴、田林环抱、舟桥水连是乌镇的景观特色。

从乌镇的格局演变来看，古时的乌镇受到水的影响颇多，青、乌相连，明代有"一双石塔立东西，舟子传言是乌镇"的说法(乌镇格局的演变见图2.10)。

---

[1] 周人果. 乌镇、古北水镇"操盘手"陈向宏接受南方＋记者专访，谈乌镇的"真"与"假"[EB/OL]. [2022-08-18].

[2] 比如张子昂等人认为，(乌镇)通过迪士尼化模式的打造，遵循并拓展迪士尼化理论指导框架所映射的产品打造原则，形成独特的"乌镇模式"。(张子昂，等. 乌镇模式的迪士尼化特征与形成机制[J]. 人文地理，2021(6)：168.)虽然笔者不同意乌镇是迪士尼化的观点，但是乌镇通过"统一产权的手段和整体开发"，确实形成了一种集观光、度假与文化享受于一体的"乌镇模式"。

[3] 源自笔者与张晓峰先生2023年2月18日的访谈内容。张晓峰先生，浙江省旅游科学研究院执行院长，2017年初加入乌镇陈向宏团队。

[4] 源自笔者与张晓峰先生2023年2月18日的访谈内容。

图2.10 乌镇格局的演变图

如今的乌镇镇区以四条大街构成基本骨架，全局呈风车状展开，中心是核心区域，四栅以居住为主，兼具商贸和服务等产业功能(见图2.11)。

图2.11 乌镇俯瞰图

东栅是依托丰富的历史和文化资源进行开发的，与周庄、西塘等地区的发展模式相似，开辟景区；西栅则注重布景，借助产权置换获得一定的物质基础，对古建筑进行保护，并对新建的仿古建筑进行做旧，营造出古朴的环境氛围；南栅是保护程度最好的地区，居住区也相对保有得比较多，原真性更好；北栅实际上早就因为工业化问题受到破坏，目前在积极进行废弃工厂再利用。整体而言，乌镇十分注重以水为脉络进行布局，在此基础上营造十字形的景观风貌，不断促进东西二栅的活力，同时积极带动还不算发达的南北二栅，以相对明确的景观风貌格局推动乌镇的整体发展(乌镇景观风貌格局见图2.12)。

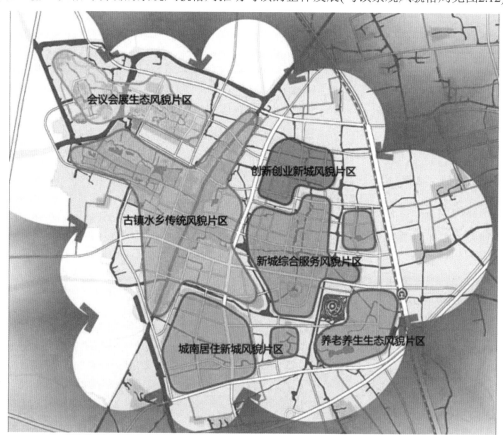

图2.12 乌镇景观风貌格局图

在发展过程中，乌镇将保护和创新结合起来，基于"保护第一、传承创新"的原则，保护历史文化遗存，从用地布局、街巷尺度、建筑小品等全面展示乌镇文化的厚度和深度；对古镇区的市河进行全面整治，再现市河八景；恢复和联通传统街巷、建立并完善水上游览线路，重塑和展现市河风采，形成水网连通、街巷纵横的传统空间展示系统；对整个镇区进行风貌控制分区，划分为"古镇水乡历史风貌区""老城传统风貌协调区""水乡新城风貌区""水乡风貌生态区"，分别予以保护、协调及控制。[1]在这些功能区中，乌镇采用非静态的展示方式。与其他古镇常见的静态展示不一样的是，乌镇不是仅仅收集一些农具、家具之类的老物件放在展览的区域，呈现给游客那么简单，乌镇在特色区域采用的是活化利用的模式，而这种模式，"不仅仅是给观光者看的，而且把当地的生活形态提炼成若干个空间，把历史文化提炼成若干个空间，打造成游客可参与、可互动的浸入式

---

[1] 清华同衡.古今乌镇：传承水乡文化精髓——从"乌青墩"到"互联网小镇"[EB/OL]. [2022-08-19].

体验空间。"[1]

在发展过程中，乌镇不仅形成了一个古镇与五个特色区域的联动，还带动了无数个外围乡村单元的兴盛与发展，促进人与自然和人与人的融合与共生，打造了包容与开放的空间体系。

乌镇的规划设计团队在对这座古镇进行设计和规划的时候，始终没有忘记"保护第一"的原则，但是也没有局限于保护而导致自己的脚步被束缚。有人对乌镇这种对建筑的开发和利用模式提出过质疑，但乌镇成功用活化利用的方式证明了这种模式的成功。事实证明，保护不能仅仅保存而不做任何其他事情。"像人们居住的生活空间，如街巷建筑，要是不动、不对它进行充分使用的话，它会塌得更快、毁得更快。"[2]破坏性质的建设和挽救性质的开发是截然不同的，乌镇的开发是在保护基础上的真正循环利用，打造了一个快速而良性的利用模式。

快速的发展并没有让乌镇迷失方向，乌镇始终保持着自身的独特性，向人们呈现独特的形象特征，留下属于自己的文化符号。乌镇形象的独特性体现在水、桥、水阁等各个方面(见图2.13)。

图2.13　乌镇形象图

一条大河纵贯乌镇南北，形成了乌镇依水而建的独特格局。乌镇位于杭嘉湖平原，这里是难得的水路畅通的地区，"在长江平原的土地上，布满了河流。世界上大概再也没有其他地区会有那么多可通航的水路"[3]，此处水系众多，河网密布，水资源优势十分明显，宋代有《夜过乌镇》一诗，用"望极模糊古树林，湾湾溪港似难寻"形容乌镇的水网。实际上，这里有大小河道218条，总长217.9千米。

---

[1] 文化旅游产业，陈向宏对话宋卫平：特色小镇应该这么做！[EB/OL]. [2022-08-19].

[2] 源自笔者与张晓峰先生2023年2月18日的访谈内容。

[3] 阮仪三，邵甬，林林. 江南水乡城镇的特色、价值及保护[J]. 城市规划汇刊，2002(1).

作为桥的故乡，乌镇无形中被赋予了桥文化的标签。乌镇的桥各具特色，也成就了这座古镇独特的桥文化。木心在谈到美术馆设计的时候，就提到"风啊、水啊、一顶桥"[1]的说法。

水阁作为一种独特的建筑形式，它的存在条件最为苛刻，而乌镇得天独厚的地理位置和天然条件，孕育出了中国独有的水阁建筑文化。

此外，乌镇形象的独特性还体现在廊棚、街道、小巷、路灯等诸多方面，每一处独特形象都充满诗意，见证了历史发展中无数的期许和等待。[2]这些期待，有很多都与正在逐渐远离人们生活的农耕文明相关，虽然乡村仍然存在，虽然古镇依然古老，但是人们又总是在不断寻找认知里并不主流的那种"田园生活"或者"小桥流水"，"例如，田园生活的消亡是一个不断重复出现的话题，无论是哪里的田园风光，都处在消失的边缘，就如同不断下降的电梯，真正的田园风光似乎总是存在于上一代。"[3]乌镇为人们保留了更多的，至少比普通都市更多的小桥流水、青瓦白墙的空间符号和建筑元素，青砖、灰瓦、粉墙、石板路……给了不断探寻或者回忆的人们构筑了一座文化灯塔。

随着社会的发展，乌镇被赋予的文化内涵不再局限于古镇这一单一标志，而是集合了包括戏剧、多元文化、新科技等在内的更多延伸意义。特别是近几年来，乌镇搭上互联网的"快车"，恢复了往日的繁华，成为享誉世界的迷人小镇，乌镇形象也变得更加丰富和立体。

第二节 乌镇艺术现状分析

谈及古镇的开发，总会触及保护与开发之间的矛盾，实际上，保护与开发并不是二元对立的关系，开发承担了保护的作用，保护也是为了更好地开发。张晓峰在谈及"乌镇的开发与保护之间的矛盾"时如此说："如果你是以一种破坏式的方式去开发的，当然会存在矛盾；如果你是一种挽救式的，用活化利用的方式开发，为什么会破坏它？是不是还有什么东西通过什么也不动，把它放着就能得到保护的……我们看到大量的旅游开发其实挽救了很多古镇，包括乌镇，包括国内的很多地方，就是因为当地有做旅游开发的意愿，所以才花了大量的钱去做保护，去做维修……当时河水都黑乎乎的(笔者注：指流淌在乌镇的河流)。陈向宏开始做雨污分流，给老百姓家里装马桶，不让他们去河里倒粪便，因为做了开发，所以才保护了这个古镇。"[4]也就是说，合理地开发就是保护。但

---

[1] 唐克扬. 木心美术馆评述[J]. 建筑学报，2016(12)：44-45.

[2] 渊龙博峰. 乌镇，一个美丽的梦；以世界的眼光看，乌镇是中国本来的样子[EB/OL]. [2022-08-19].

[3] [英]迈克·克朗. 文化地理学[M]. 杨淑华，宋慧敏，译. 南京：南京大学出版社，2003：128 .

[4] 源自笔者与张晓峰先生2023年2月18日的访谈内容。

是，在开发与保护的过程中会存在"原真性"问题，即如何保证古镇的古香古色。从镇的意义角度看，其本身就是进行商业活动的场所，因此统一规划的商业活动能更好地发挥镇的商业文化意义。从历史与国际事业角度看，西方文艺复兴时期的文艺很多发生在小镇，因此乌镇也可以具有这样的历史使命与视野。从与时代接轨角度看，镇应该在乡土的基础上融入现代生活的方式。保留历史遗存并不是乌镇的全部目标，"古今融合，智慧共生"的水乡小镇才是乌镇的发展方向，因此，乌镇立足于历史传承，又积极与时代接轨。乌镇戏剧节、世界互联网大会、茅盾文学奖等文化盛事、科技盛会、潮流盛宴，已经成为乌镇特有的"名片"。另外，流量时代也为这座古镇带来了新的文化生命力和经济增长点。

陈向宏曾经说过，小镇的内容是最大的，也是最重要的挑战，最难的地方在于填充什么内容。[1]而艺术，从某种角度来说，恰恰是填入乌镇的重要内容，一个个艺术活动赋予乌镇更多的活力。

一、乌镇已入戏：戏剧节为千年古镇带来生机

乌镇以实景演出的方式，重新思考和定位乌镇既有的自然人文，找寻独特而又适合乌镇自身发展的艺术载体，为此，乌镇戏剧节诞生了。[2] "很多游客来乌镇的动机只是为了看一场戏剧"[3]，但正是这种动机，让游客对乌镇的理解不再是观光与度假，而是成为他们心中的文化符号。所以，如何重新诠释一座古镇，让其具有现代文化意义，不能只是拘泥于"原真性"，还要在保证其空间场的"原真性"的基础上，再以开放的胸襟与国际化的视野面向观众。在传统生活中，逛庙会是一种空间场的行为与情感的体验，但是这种活动是自发性质的，不能强行为营造这种效果而开展活动，但如果将整个空间变成剧场，既体现了空间场的意义，又带来一种独特的聚众艺术行为。之所以以戏剧节的形式内容，将戏剧在空间场中呈现，跟陈向宏与黄磊的交集有关，"他跟黄磊聊天的时候，黄磊也提出来说，你看能不能在乌镇演话剧，有了这个想法之后，他们探讨怎么把这些想法付诸实施。"[4]而此活动极其符合年轻人的审美需求，因此乌镇其实是想塑造一个多层次的空间场。开展戏剧节的同时，也以田园模式开启了乌镇国际发展格局。

[1] 文化旅游产业. 陈向宏对话宋卫平：特色小镇应该这么做！[EB/OL]. [2022-08-19].

[2] 中经文化产业. 文化乌镇：何以具有如此的市场魅力[EB/OL]. [2022-08-19].

[3] 周人果. 乌镇、古北水镇"操盘手"陈向宏接受南方+记者专访，谈乌镇的"真"与"假" [EB/OL]. [2022-08-19].

[4] 源自笔者与张晓峰先生2023年2月18日的访谈内容。

　　乌镇的戏剧节受到了法国阿维尼翁戏剧节等欧洲文化的启发，但更加富有本土特色，它不仅是阿维尼翁艺术的"东方化"，更是中国戏剧的"乌托邦"，更是中国戏剧本就需要的一个本土的平台和契机。陈向宏曾经说过，要放弃做"印象乌镇"，而是要以年轻人喜欢的戏剧为切入口。西方实践证明，他们的戏剧都是在小镇演出的，所以当乌镇举办第二届戏剧节的时候，有80%的游客是为了它而来的。也就是说，其实不是因为阿维尼翁或者任何其他因素，而是本土的力量本就在不断催促乌镇孕育出这样的成果。

　　截至2018年，乌镇共有9个专业场地供戏剧节表演使用，分别为乌镇大剧院、水剧场(室外)、国乐剧院、日月剧场(室外)、秀水廊剧园、蚌湾剧场、沈家戏园、诗田广场(室外)、网剧场。[1]戏剧节以"街道"为舞台，吸引了来自世界各地的戏剧表演者和欣赏者。之所以将其称为"以'街道'为舞台"，是因为乌镇在打造自身戏剧文化的过程中，将剧场的规划布局设置为"一大多小"模式——一个以乌镇大剧院为代表的大剧场，同时对沿街的古建筑、传统建筑进行升级、改造、再利用，街道、巷子甚至巷湾等被改造成小剧场，形成多个小巧精致的剧场空间，最终构成群星闪耀的剧场整体空间布局。戏剧节期间，来自全世界的戏剧爱好者和演出团体齐聚乌镇。乌镇的石桥、乌镇的船、乌镇的街头巷尾都成了演出者天然的舞台，戏剧演员和旅客融为一体，节日的气氛充斥整个乌镇的大街小巷。[2]这种开放式的戏剧舞台会营造出一种开放而文明的氛围，在潜移默化中滋养观者的内心。

　　乌镇戏剧节借鉴了其他成果，但没有照搬任何现有成果的独创项目，它不是一次简单的聚会，也不是一次普通的狂欢，它像一个连接不同骨头的关节，连接着许多颇有价值的东西。关于乌镇戏剧节，美国戏剧教育家丽莎•泰勒•勒诺评价道："世界上没有任何一个戏剧节可以像乌镇戏剧节一样，结合自身独一无二的自然与人文环境，不遗余力地推动东、西方文化的交流。"[3]乌镇戏剧节自2013年开始举办，至今已成功举办了十届，每一届戏剧节都有不同的举办宗旨，围绕不同的主题进行艺术的探讨，相继出现了"化""眺""明""容"等主题。乌镇戏剧节围绕"青年竞演""古镇嘉年华""小镇对话"等单元展开，以横向繁荣、发展戏剧，纵向挖掘和培育戏剧领域创作人才，提升本土和世界范围内的戏剧艺术作品的艺术水准，拓展和开发戏剧市场的未来潜力为目的，旨在加强国内外戏剧领域的文化交流，发展和繁荣本土戏剧文化，推动和实现江南小镇——乌镇艺术的文艺复兴(乌镇戏剧节时的街景见图2.14和图2.15)。

[1] 乌镇官网[EB/OL]. [2022-08-19].

[2] 上海空间规划. 乌镇戏剧节，探究剧场空间与城市空间[EB/OL]. [2022-08-19].

[3] 凤凰网. 乌镇戏剧节迎来五周年 国内外精彩大剧云集[EB/OL]. [2022-08-19].

图2.14　乌镇戏剧节时的街景(1)

图2.15　乌镇戏剧节时的街景(2)

戏剧节依托乌镇深厚的历史文化底蕴和独有的人文景观，吸引国内外戏剧大师和艺术界、文化界人士汇聚乌镇。以戏剧节为艺术媒介，乌镇凝聚了更多国际戏剧大师的气质，为这个千年古镇的未来发展注入新活力。[1]戏剧节的开展，在传播中国文化的同时，还为乌镇带来了良好的社会效益和丰厚的经济效益。

"乌镇做戏剧节产品，与相似度极高的江南古镇传统文化民俗产品在内容上完成一次切割。这些文化方面的投入是未来十年乌镇可持续发展的基础，为乌镇可持续发展提供文化内容支撑。"[2]由此可见，乌镇戏剧节带给乌镇的社会效益，单从简单的文化内容方面来说，就已经是不可估量的。

针对乌镇消费群体的产品层次见图2.16。

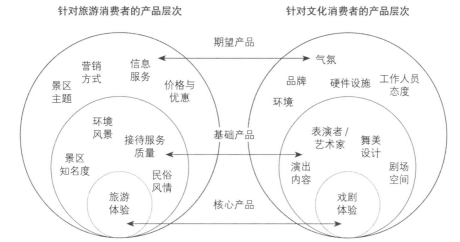

图2.16 针对乌镇消费群体的产品层次

由乌镇戏剧节举办前后的乌镇景区经营情况可以看出，仅仅是简单的经济效益方面，就有着非常明显的进步。第一届戏剧节的演出数量只有580场，而第二届的时候就达到了1500场。据统计，第一届的票房收入是300多万元，而第二届的时候就达到了600多万元，整个景区的其他收益更是随着游客数量的增加而显著提高(乌镇景区经营状况见表2.1)。

表2.1 乌镇景区经营状况

年份	景区经营收入/亿元	净利润/百万元	景区游客量/万人次	备注
2007年	1.58	—	217.00	西栅景区对外开放，中青旅入驻
2008年	2.41	60.00	251.00	举办麦肯锡年会、茅盾文学奖等活动，并成为《红楼梦》《暗算》等电视剧的外景地

[1] 中国日报网.第二届乌镇戏剧节简介 年度主题与演出时间表[EB/OL]. [2022-08-19].

[2] 文化旅游产业.陈向宏对话宋卫平：特色小镇应该这么做！[EB/OL]. [2022-08-19].

（续表）

年份	景区经营收入 /亿元	净利润 /百万元	景区游客量 /万人次	备注
2009年	3.04	90.65	324.00	开始从"单一门票型"向"综合性目的地"模式转型
2010年	4.88	185.00	575.00	受益于上海世博会拉动的巨大客流，净利润和游客人数均创新高
2011年	5.80	220.00	514.50	开始兴建乌镇大剧院
2012年	6.90	230.00	600.80	在全国单个景区的排名中，无论是人数还是综合效益，均位居第一
2013年	7.69	283.00	569.10	第一届乌镇戏剧节
2014年	9.57	—	710.80	第二届乌镇戏剧节、第一届互联网大会

乌镇的戏剧节带来的社会效益更是不可估量，对戏剧的宣传、为戏剧提供的平台……都无法简单地用数字衡量。在形式上，阿维尼翁IN与OFF戏剧节、爱丁堡国际艺术节与边缘艺术节等都对其产生了影响，但是乌镇最终打造了自己的特色，将戏剧节分为三大板块，其中，青年竞赛这一板块引起了不小的轰动，它给戏剧的新生力量带来极大的机会，为他们创造了展示自己才华的平台。

笔者认为，深入分析乌镇戏剧节的各方面情况，其实是为了更好地跳出乌镇的案例，摸索更加具有普适性的发展路径。乌镇戏剧节的发展过程中，能够找到国外的阿维尼翁等艺术节的影子，这一点是显然的。而乌镇做到了虽然借鉴，但不雷同，这种只学不似的借鉴方式，比直接套用现成的戏剧节举办方法更加值得思考和采纳。乌镇对待外国优秀文化成果的态度和视角，值得其他古镇借鉴和参考。

二、临水而立，择美而居：木心美术馆在乌镇的美学之旅

对于打造乌镇品牌来说，如果仅采用传统观光模式，那既不持久，也无法适应时代的发展。从中国文旅业发展的速度及世界文旅发展状况来看，单一的旅游发展模式已经不能满足时代的需求。因此，如何更好地满足乌镇本土居民及游客的需求，塑造一个文化乌镇，是必须考虑的问题。乌镇属于传统村落，传统虽然是它的名片，但是不能仅仅靠此发展，而应将传统与当代相结合。从这一角度来说，能在当地展览具有国际水准的当代作品，当然是解决的办法之一。因而，一座集乌镇传统审美与展示当代艺术作品的美术馆就孕育而生。

木心，本名孙璞，字仰中，号牧心，笔名木心，1927年出生于浙江省嘉兴市桐乡乌镇东栅，2011年12月21日逝世于故乡乌镇，享年84岁。坐落于乌镇的木心美术馆是展示木心先生的毕生心血与美学遗产的重要场所(木心美术馆见图2.17)，它不仅记录和沉淀了一代大家的过去，也连接着无数关于当下和未来的可能。关于木心先生，李劫评论说，他是一

位融汇古今的人才。[1]

图2.17 木心美术馆

　　木心是艺术的跨界"流亡"之人，在他的世界里，艺术没有所谓的时代、门类或者国家的隔阂，他认为："试想庄周、嵇康、八大山人，他们来了欧美，才如鱼得水哩，嵇康还将是一位大钢琴家，巴黎、伦敦，到处演奏……"[2]他尝试自己谱曲，尝试绘画，尝试文学上的古诗新作，尝试以绍兴为故土又将心灵栖息在古希腊的土地上，尝试将传统余脉和现代心智结合起来……木心自小受乌镇的历史文化资源的熏陶，又有着感受外国多元文化的经历，多脉相承的美学启迪让木心先生更加包容地审视更多可能性，更加自由和开放地畅想并感受更多乐趣。他在传统与现代、中国与世界的交汇处，独具慧眼地审视各种门类的艺术，审视人类的历史，也审视人类的未来。

　　木心美术馆的修建离不开陈向宏的支持，"木心先生生于乌镇，作为一个乌镇人，他想将自己和自己的作品呈现出来，以后我们的子孙后代也可以在一个小镇上看到国际一流的展览，不用出家门，就可以看到国际最一流的博物馆、美术馆，最一流的大家的作品，这也是他的梦想，所以我觉得跟他做这个事情有很强的关系。"[3]正是对乡土的情怀与国际化视野的交织，让他们的追求不谋而合。或许，在冥冥之中，这种态度影响了乌镇的太多人，才会让这座小镇越来越多元和国际化。

　　木心美术馆由贝聿铭弟子、纽约OLI事务所冈本博、林兵设计督造，室内设计由 OLI

[1] 李劼. 木心论[M]. 桂林：广西师范大学出版社，2015：124 .

[2] 木心. 素履之往[M]. 桂林：广西师范大学出版社，2007：73 .

[3] 源自笔者与张晓峰先生2023年2月18日的访谈内容。

事务所法比安主持，位于浙江嘉兴乌镇的西栅景区，在西栅老街和乌镇大剧院之间，四面环水，以桥为连接，将几个高低错落的混凝土盒子连为一个整体，融入周边建筑中，形成丰富的城市肌理(木心美术馆外观设计见图2.18)。[1]

图2.18　木心美术馆外观设计

2015年，木心美术馆正式对外开放，它向世人展示了乌镇本土艺术家木心先生的毕生心血与美学遗产。美术馆以乌镇传统的城市空间布局为主，延续了原有的城市风貌，将街区分散开来，用廊道连接，营造了江南古水区的氛围。同时，建筑在整个区域内不突兀，能够融入当地环境。

木心美术馆的设计灵感来自木心先生的山水画，充分考虑并结合乌镇天然的临水特征，以此作为整体设计的灵魂。美术馆两侧临水，游客可以选择以小船作为交通工具进入美术馆观览，这也与木心先生倡导的简约美学风格相契合。美术馆在设计和选址过程中充分考虑了美术馆建成后与周围环境及建筑物之间在空间上的呼应关系，比如设计师将美术馆设计成一个整体，与周围细碎的老街建筑进行区分。美术馆的体量秉持"适合乌镇"的原则，在现有乌镇大剧院的"大"和乌镇居民建筑的"小"之间取合适的尺寸，力图在空间上塑造平衡感。此外，从美术馆服务社会的角度出发，将外形设计成具有现代设计语言特征的方形。单纯的方形会给人视觉上的呆板感，为了体现和打破这种视觉感受，围绕建筑增添"水面""桥"等元素，使美术馆整体更具灵动感。方形的建筑结合错落有致的堆

[1] 刘诗梦. 纯粹的混凝土——木心美术馆[J]. 环球首映，2019(4)：223.

叠感，使设计语言丰富而不单调。建成后的美术馆坐北朝南，共两层五个展区，与乌镇大剧院隔水相望，蔚为壮观。[1]

美术馆设计语言简洁，高度概括了木心先生"风啊、水啊、一顶桥"[2]的设计思想，是乌镇西栅一道宁静而清俊的靓丽风景线。

设计师选择了视觉导识的工具来体现木心的思想和艺术认知。美术馆的大多数墙体没有什么装饰，秉持简约的艺术风格，既体现了对"少即是多"的追求，又体现了对"平淡""幽远"的中国传统审美意境的追求。艺术家通过简约的设计，让大众既能在乌镇这一传统空间中感受当代的艺术之美，又能感受由形式符号所传达的视觉美学原则，而且这些原则上升到了文化内涵层面(木心美术馆内部设计见图2.19)。[3]

图2.19 木心美术馆内部设计

设计师从乌镇的民俗和气质角度出发，以现代设计语言的手法向世人展示了木心美术馆。木心美术馆体现了木心先生对艺术的探索和追求，凝聚了木心先生的人生哲学和智慧，从文学和美术的视角激发、诉说并展示乌镇这座千年古镇别样的风采。馆藏分为序厅、画作、文学等，序厅展示了浙江文化的绵长文脉以及与乌镇相关的文学传奇旅程，画作和文学

[1] 木心美术馆平面与空间构成图解[EB/OL]. [2022-08-19].

[2] 唐克扬. 木心美术馆评述[J]. 建筑学报，2016(12)：44-45.

[3] 毛舒. 视觉设计格式与文化内涵——以木心美术馆视觉引导系统设计为例[J]. 艺术与设计(理论)，2017，2(10)：60-62.

部分展示了木心先生一生中不同时期、不同阶段、不同经历下的艺术画作和文学作品。

"适合乌镇"的原则也表现在一些简单的细节上，比如透过美术馆的落地窗就能欣赏到窗外的江南水景，这不是简单的自然景色展示，而是乌镇的风光与场馆内的简约色调的融合，也是视觉导识工具给人带来的良好观感。

木心美术馆将以其多重的戏剧性与不可比性，引领一种良性的人文关怀，是值得期待的文化事业。

无论是宏观空间环境的处理和运用，还是微观的图形、字体、符号等元素的设计，木心美术馆都很好地表现了艺术与自然、环境的共生，展示了乌镇的地方特色和独具特色的文化内涵，传递着木心先生和乌镇人的审美意趣。行走在古老的乌镇中，感受木心美术馆带来的艺术熏染，体验"艺术与城镇共生"。当然，与其说这一方空间可以给人传递某种情感，不如说这方空间本来就散发着某种可以被感知的美好，而通过艺术这一媒介，人们可以感知并且更加深入地体会这种美好，木心先生在《从前慢》中倡导的那种古朴、简约和"慢节奏"的美好。

木心美术馆的存在对乌镇的影响是多方面的，从最简单的经济效益来说，仅2015年，乌镇戏剧节、木心美术馆展览等艺术活动就为这个千年小镇带来了1000万人次的游客。[1]而从文化的角度来说，木心美术馆为乌镇的居民和游客提供了艺术盛宴，让他们在"繁重的生活压力下，能够通过美术馆的艺术熏陶获得久违的心灵慰藉及强烈的归属感"[2]。而在更深的层次上，木心美术馆使得世界性的美学思维得以在乌镇扎根，也就使得木心那多脉相承与交汇融合的跨界"流亡"的主张得以被人们深刻理解。而在这一主张下，更多西方的、当代的东西就能与乌镇的东方的、古老的东西更好地融合。

只有一个乌镇，也只有一个木心，这些都是不可复制的，但木心美术馆在乌镇的成功是可以借鉴的。木心作为一个站在新旧时代和新旧事物交汇之处的人，作为一个站在各个门类的交汇之处的人，给一个城镇留下一座美术馆，其背后蕴含着一个广泛适用的道理。扎根、包容、多元和共生，都是木心美术馆成功的钥匙。虽然其他古镇都不可能依靠完全复制木心美术馆来获得长久的成功，但大多数城镇在建设美术馆、博物馆时，都可以参考木心先生对艺术和城镇的理解与思维。

三、古镇文艺复兴：乌镇国际当代艺术邀请展

西方的文艺复兴往往是从小镇开始的，这不仅给小镇带来丰厚的经济收入，也使小镇在时代的浪潮中荡漾起浪花。中国不乏深厚文化底蕴的小镇，这些小镇如何在时代中突围，或许需要在认识与传承当地文化的基础上，借鉴西方小镇的发展模式。西方小镇崛起的

[1] 艺术信息与资讯."旅游+"模式，公共艺术介入小城镇的新路径 [EB/OL]. [2022-08-19].
[2] 陈立. 从精神容器到开放场域[D]. 中央美术学院，2017：150.

重要动力就是艺术，这给了乌镇重要的启发。当乌镇深厚的文化底蕴、古老的历史文化积淀遇到现当代艺术，是否能成就一个艺术气息浓重而又富含当代气息的"文艺复兴小镇"？

就乌镇近些年所开展的艺术活动来说，当全世界的现当代艺术家聚集乌镇，畅谈当代艺术的起源、发展和未来；当以当代艺术为媒介，汇聚全球当代艺术名家的展览，这个千年古镇将当代艺术作品展览作为载体，的确激发和唤醒了乌镇艺术文化边界延伸的更多可能性，让乌镇为世界所熟知，也让乌镇成为艺术圣地。因此，乌镇举办的当代艺术活动也就成为重点需要讨论的对象。其中，乌镇国际当代艺术邀请展是极具影响的活动，乌镇国际当代艺术邀请展始于2016年。

第一届乌镇国际当代艺术邀请展吸引了包括玛丽娜·阿布拉莫维奇、理查德·迪肯等在内的15个国家和地区的40多位艺术家参展(乌镇国际当代艺术邀请展部分参展艺术家见图2.20)。

图2.20　乌镇国际当代艺术邀请展参展艺术家 (部分)

作品的展示地位于西栅景区和北栅丝厂，呈现方式是室内和室外结合。值得注意的是，北栅丝厂展区是在闲置和废弃的丝厂基础上改建而成，形成一种"废物再利用"的可循环模式。在建筑物原有结构的基础上进行功能性改造和扩建，这种方式本身就是一种当代艺术的表达方式，古镇文化与现代元素的交织、变化，形成独有的时空交错异质空间的即视感。这次展览的发起人和主席陈向宏说："我们安身立命的精神家园，尤其是乌镇这样的千年古镇，要考虑两个方面：一是传统文化的保护和传承，二是新文化元素的加入，两者是相融的。"[1]这次展览的主题范围是"乌托邦·异托邦"，这其实是一个非常符合乌镇定位的主题范围，如前文所提到的，乌镇保留着大量历史文化资源，为城市化进程中不断远离农耕文明的人们提供了一个感知"小桥流水"和"田园风光"的"家园"。虽然大多时候只是作为旅游的临时"家园"，但毫无疑问，它营造了鱼米之乡的富足环境和江南烟雨的诗意氛围，以一种"逆城市化"的方式向身处不断异化的生产关系之中的人们呈现理想的山水田园境界，具有强烈的乌托邦色彩。人们想象和追求乌托邦的境界时候，在现实层面，不断异化的现象呈现出异托邦这个更为真实的场景。作为乌托邦的乌镇是许多人心目中的完美家园，蕴含着与现实的苟且完全不一样的梦想与希望，尽管会产生异托邦的变异，却不会终结或者向现实的进程屈服，至少当下不会，它竭尽所能地展示着千年来关于完美家园的梦想(乌镇国际当代艺术邀请展部分参展艺术作品见图2.21)。

第二届乌镇国际当代艺术邀请展在第一届的基础上，参展艺术家和作品规模进一步扩大，共有23个国家和地区的近60位艺术家参加，展出作品规模也空前盛大，共计90余件/组。艺术作品类型多样，除了传统的绘画、装置、影像作品，还吸引了许多前卫艺术家的新媒介作品参展，如声音、气味、网络艺术等处于探索和尝试阶段的、带有实验性质的前卫作品。在谈及是否与第一届产生直接继承关系的时候，策展人王晓松几乎否认了两届邀请展的主题思想和模式的延续关系，他提到："第一届乌镇国际当代艺术邀请展的成功为第二届带来了非常大的压力，不过第一届打造展览知名度的目的已经达到了，所以我们希望第二届与第一届尽可能地拉开距离。"[2]第二届邀请展不仅表现了"时间开始了"主题背后对时间问题的理解，也更多地探索和思考了时间背后的世界大变局等问题，更进一步地体现了乌镇的国际化地位。一个富有中国江南水乡特色的小镇，在一点点地变化着，这种变化不仅是"逆城市化"的，而且是全球化的，早已超越了单纯的吴越文化的发展轨迹。

[1] 冯博一. 乌托邦，而且异托邦——关于乌镇国际当代艺术邀请展[J]. 世界美术，2016(2)：2-7+117.

[2] 王晓松. 时间开始了——2019乌镇当代艺术邀请展[J]. 当代美术家，2019(3)：40-45.

图2.21　乌镇国际当代艺术邀请展参展艺术作品 (部分)

　　乌镇国际当代艺术邀请展是始于乌镇的艺术盛会，但它所带来的影响力，以及由此引发的深入探讨和思考将不止于乌镇。这种兼具商业与文化意义的城镇要比城市更具有传统文化意义，但是又兼具与城市一样繁华的商业。在具有双重意义的镇上探讨艺术，既是对文化的继承与发展，也是对经济的促进。所以复兴古镇实际是挖掘被忽视的城市与乡村之间的结构——城镇。

四、地域文化与艺术共生共赢：乌镇国际未来视觉艺术计划

　　乌镇国际未来视觉艺术计划(Wuzhen International Project of Future Visual Arts)是由中外各艺术机构合作共同发起和举办的艺术活动，与以往纯粹的艺术活动相比，该艺术计划更

加丰富、多元，包含高峰论坛、设计大赛、基金计划等多种艺术样态(乌镇国际未来视觉艺术计划资料见图2.22和图2.23)。

图2.22　乌镇国际未来视觉艺术计划资料(1)

图2.23　乌镇国际未来视觉艺术计划资料(2)

乌镇国际未来视觉艺术计划是响应和映照当今全球语境下艺术视觉文化的前瞻性探索和积极性尝试。通过乌镇国际未来视觉艺术计划，搭建以乌镇为文化载体，以艺术为媒介的交流和沟通平台。期间，来自世界各地的艺术家，如葛雷格·布鲁德莫、理查德·泰勒等，以及艺术机构、文化组织等将围绕科技性、未来性、先锋性等多个议题展开激烈的讨论，希望将这种形式独特且内容丰富的艺术计划形式与多学科、跨领域的交流机制结合，促进突破学科界限的同时，展开更多关于未来艺术计划的广泛谈论并创造更深层次、更多向度的可能性。

国际未来视觉高峰论坛环节围绕当今世界范围内人类文明的发展和进步，结合科技发展趋势，探讨科技发展为人类带来日新月异变革的今天，如何在更深层次推动艺术领域的革新和融合；国际未来视觉概念设计大赛环节则将出发点聚焦在设计人才挖掘，希望通过专业的设计大赛，为设计领域甄选和培养综合型、复合型专业设计人才；未来视界基金计划聚焦公益，旨在通过基金计划的方式，推动视觉领域相关艺术的发展和完善。[1]

至于这项活动的成功性，由参与者的反应就能窥见一二。吴迪在回忆活动现场的时候说，络绎不绝的游客让他感受到了水乡的人气感爆棚。[2]

开展这样的活动，其目的当然不仅仅是得到参与者的赞美而已，背后隐藏着更多的初心，比如，本次艺术计划主席、乌镇旅游股份有限公司陈向宏直言："每次小镇办大节，经常有人问我为什么要做那些跟自己的主业不相干且亏钱的行为？其实艺术是神圣的，不能对它进行曲解。"[3] 显然，乌镇举办的种种活动与包容的艺术心态是有相关性的，有时候，只是简单的一个人或者一件事，就会像蝴蝶效应一样掀起波澜，而计划和活动也许在不知不觉中改变了乌镇的某个访客、某个居民，在未来的某一天再度掀起更大的波涛，涌动在艺术的世界中，甚至在整个人类文明中焕发活力。

当然，"未来"一词也代表了对乌镇的国际定位，代表着在新的文化理念下将传统与现代结合，从而走向世界。

五、华丽转身：世界互联网大会携手艺术与科技，赋能乌镇新未来

人类社会是不停发展的，从农业革命到工业革命，再到信息革命，每一次革命都改变人们的生活方式。虽然我们需要延续乡土的文化，这是我们立足的根，但是在生活方式与认识方式上需要随着世界的变化而不断调整。介于城市与乡村的小镇，既是传统文化的窗口，又是现代发展的窗口，中国传统文化与现代文明在此交汇。

---

[1] 中国动态新闻网. 乌镇国际未来视觉艺术计划[EB/OL]. [2022-08-20].

[2] 吴迪. 又见新西兰大虫子——亲历"乌镇国际未来视觉艺术展"[J]. 模型世界，2017(2)：4-13.

[3] 辛文. 揭秘乌镇国际未来视觉艺术计划[J]. 收藏投资导刊，2016(24)：28-31.

世界互联网大会(World Internet Conference，WIC)(见图2.24)在中国传统田园环境中举办，更能体现中国的民族传统与世界文化的碰撞。习近平总书记在大会上指出："我们愿同各国一道，发挥互联网传播平台优势，让各国人民了解中华优秀文化，让中国人民了解各国优秀文化，共同推动网络文化繁荣发展，丰富人们精神世界，促进人类文明进步。"集商业文化与乡土文化于一体的小镇文化是中华传统文化的重要组成，可以代表中华传统文化与世界交流。

图2.24　世界互联网大会

2014年，世界互联网大会在乌镇成功举办，当时有100个国家和地区的1000多位政要、企业巨头、专家学者等参加。此次大会由中华人民共和国国家互联网信息办公室和浙江省人民政府共同主办，主旨是搭建中国与世界互联互通的国际平台和国际互联网共享共治的中国平台，让各国在争议中求共识、在共识中谋合作、在合作中创共赢。它不仅是当时国内规模最大、层级最高的互联网大会，而且是世界范围内互联网领域的高级别高峰会议。它的成功举办预示着中国的互联网行业走向世界，拥抱未来。从此，在乌镇，世界上最先进的科技文明成果与历史悠久的中华文化积淀进行了巧妙地融合，现代的电子信息技术与传统的小桥流水人家在同一时空中和谐共存。

世界互联网大会永久落户乌镇，为乌镇这座千年小镇注入新鲜生命力、成长力的同时，也为乌镇发展模式和经济结构带来新的可能性。在发展模式方面，世界互联网大会为乌镇发展增添了"互联网+"飞翼，一系列智能、互联、智慧型项目如雨后春笋般出现，使乌镇魅力不断释放，促使其从千年古镇、旅游名镇向智慧小镇、未来小镇方向转变。在经济结构方面，世界互联网大会使乌镇步入"互联网+"的发展阶段，各行业融合不断深入，成为新的经济增长点，物联网、云计算等新的发展业态为乌镇的发展培育了新的活力基因。[1]

第二届世界互联网大会的与会人数更多，会议规模更大，成员构成也更加国际化，不仅有大量的外国学者和为数不少的外国部长级官员。习近平主席在大会上曾经发表讲话，希望通过互联网推动人们当代生活的发展。[2]从他的讲话中不难看出，乌镇的发展早就不仅仅是单纯的青瓦白墙那么简单，科技与国际化都为乌镇注入了新的生命力，这是在保护基础上不断发展的新活力，是得到国家认可和世界欢迎的力量。

世界互联网大会在乌镇的连续举办为乌镇注入了科技力量，乌镇呈现给世界的是充满现代气息和科技气息的新样貌。搭载"互联网+"和数字智能平台，乌镇老街出现了众多跨界艺术与科技相结合的"新面孔"，如"乌镇e站"自助终端系统，强大、先进的智能设备与乌镇古朴的江南风格建筑相结合，新鲜事物与传统文化、传统乌镇艺术跨界融为一体，古朴、传统与现代融合，不经意间向世人展现乌镇走在科技潮流前沿的未来感，也使得现代科技增添了历史文化的厚重感。[3]

第三届世界互联网大会期间，来自全世界的15项互联网领域艺术与科技相结合的成果向世界发布。本着拓展互联网领域最新艺术与科技结合、推动互联网跨界创新的原则，前期通过业界专家和评审员的层层选拔，最终甄选出包括现实技术、3D全息投影等在内的全球15项艺术与科技领域领先的科技成果(见图2.25)，这些成果的发布也为艺术乌镇的未来创新发展模式打下了坚实基础。[4]

---

[1] 世界互联网大会永久落户乌镇：已经带来三大变化[EB/OL]. [2022-08-21].

[2] 习近平说："我曾在浙江工作多年，多次来过乌镇。今天再次来到这里，既感到亲切熟悉，又感到耳目一新。去年，首届世界互联网大会在这里举办，推动了网络创客、网上医院、智慧旅游等快速发展，让这个白墙黛瓦的千年古镇焕发出新的魅力。乌镇的网络化、智慧化，是传统和现代、人文和科技融合发展的生动写照，是中国互联网创新发展的一个缩影，也生动体现了全球互联网共享发展的理念。纵观世界文明史，人类先后经历了农业革命、工业革命、信息革命。每一次产业技术革命，都给人类生产生活带来巨大而深刻的影响。现在，以互联网为代表的信息技术日新月异，引领了社会生产新变革，创造了人类生活新空间，拓展了国家治理新领域，极大提高了人类认识世界、改造世界的能力。互联网让世界变成了'鸡犬之声相闻'的地球村，相隔万里的人们不再'老死不相往来'。可以说，世界因互联网而更多彩，生活因互联网而更丰富。"习近平在第二届世界互联网大会开幕式上的讲话[N]. 人民日报，2015-12-17(2).

[3] 中工网. 遇见乌镇：现代科技与传统文化的交融和碰撞[EB/OL]. [2022-08-21].

[4] 未来网. 科技与艺术结合创新盛宴 15项世界互联网领先科技成果乌镇发布[EB/OL]. [2022-08-22].

图2.25　世界互联网大会展示科技成果

　　2019年世界互联网大会上，艺术与科技结合的成果再次展示给世界。"AI+文化艺术"成为本届世界互联网大会艺术与科技结合的主角，AI+AR博物馆项目"曾侯乙编钟"，用AR"敲响"国宝级乐器，使人们穿越过去，演奏古乐，感受国宝魅力。SenseAR文旅解决方案有助于发掘AR的更多价值，在有限的实体空间内感受无限的虚拟文化内容创作体验。[1]

　　此外，在第五届世界互联网大会期间，乌镇通过增设5G网络基站，将列入《世界遗产名录》、拥有五千年良渚文明的交响乐《良渚》，以8K的超高清画质向世界呈现了一场艺术与科技的、现代与传统的、世界与民族的视觉盛宴。乌镇所反映的不仅仅是本地文化与科技的交汇融合，更是整个中华文明的新活力。《良渚》也借助艺术与科技的方式，首次以世界互联网大会为平台呈现在世界面前。[2]

　　在给2022年世界互联网大会乌镇峰会的贺信中，习近平主席强调："加快构建网络空间命运共同体，为世界和平发展和人类文明进步贡献智慧和力量。"习近平主席的贺信引发强烈反响，与会嘉宾纷纷表示，习近平主席的贺信充分体现了对全球数字化、信息化发展浪潮的深刻思考，大家应以此为指引，加强对话交流、深化务实合作，携手构建网络空间命运共同体，开创人类更加美好的未来。[3]这次会议取得了很多成果，联合国教科文组

---

[1]　商汤科技.AI+文化艺术，这届乌镇世界互联网大会有点不一样[EB/OL].[2022-08-22].

[2]　艺术中国.交响乐《良渚》为哥伦比亚民众精彩演绎五千年中华文明史诗[EB/OL].[2022-08-22].

[3]　加快构建网络空间命运共同体[N].光明日报，2022-11-10(1).

织驻华代表处代表夏泽翰将其称为："这场盛会恰逢其时。"[1]

面对《光明日报》记者的采访，与会人员也给予这次会议的举办地很高的评价。"这里的氛围很美，很吸引人。"津巴布韦共和国驻华大使馆参赞坎布里亚·迪咋也被中国文化所吸引，他告诉记者："昨天有机会参观了你们的一个博物馆，那里展示了古老的中国文化，还有现代化的演变。"经过一次次的会议，乌镇已然成为一个焕发着科技活力和国际化生命力的古朴小镇，成为一个向世界展示中国智慧的平台和空间。

当然，世界互联网大会的举办经验对于处于起步阶段和发展初期的大多数城镇而言，并没有太多的参考价值。因为它基于相对完善的基础设施、相对充足的人力物力等客观条件，再加上一定的国际知名度和一定的文化发展程度、包容程度等主观条件，才获得了真正成功。而这意味着，在建设初期，有待建设的地区更加应该综合衡量自身的各方面条件，做出合理规划，同时制定明确的阶段发展目标。

第三节 古镇"出路"：艺术介入对乌镇发展的影响

在现代社会中，艺术顺利进入生活领域，但是无限复制的、无意义的作品形式让人们的意识变得碎片化，甚至在更大程度上激发了人的潜意识，生理欲望成为艺术追求的第一要义。恢复古镇的"原真性"的文化意义就是，首先恢复物的神圣性，发挥出场的功能；其次是让观众感受世俗生活，又将艺术渗入生活之中。而艺术介入乌镇的意义，对乌镇本身来说，是在保持其原本"神圣性"的同时，又展现文化紧随时代发展的状况，是保护乌镇的一种方式。对于观众来说，是在碎片化的生活之中，在现代田园模式的生活中，在乡村与城市相结合的空间中，寻找生活的本质。

艺术活动或事件是世界各地文化中最富生命力、时代感的重要组成部分，内置和共同进化着更广泛的社会文化体系。在人类文明发展史上，艺术作为在特定的时间和空间形成的"产物"，发挥着为地区塑造公共价值观、身份认同感、历史地位和文化延续的功能与作用。艺术作为特殊的存在，在几个世纪的人类文明发展史中，代表的不仅仅是欢乐、交流、参与，更体现了一种人与自然秩序的合作——这尤其体现在节日艺术上，当节日艺术被转变为游客渴望的"产品"，节日旅游也就应运而生，为地区带来了可持续发展的动力。

因此，艺术介入城镇发展在全国掀起空前热潮也就不足为奇。特别是对于地区来说，艺术介入成为增长最快、最重要的文化经济形式。乌镇以其清新雅致的江南水乡特色和厚重的历史文化底蕴逐渐成为"热潮"中的佼佼者，吸引着全世界的人。艺术介入乌镇发展，为以往主要以传统文化为支撑的乌镇带来了新的发展契机。无论是文创产品的开发、

---

[1] 陈海波，张安迪. "这场盛会恰逢其时" [N]. 光明日报，2022-11-11(7).

旅游体验的提升，还是文旅品质的提高，都呈现"现代化"的艺术乌镇发展趋向，为乌镇旅游的开发、保护和可持续发展提供了新的发展维度。

陈向宏曾经说："做乌镇的20年，只专心做两个事：一是做了一个壳；二是往壳里放新东西。"[1]这个壳子显然就是我们看到的"中国乌镇"，而里面装的东西则是多元的、美好的，不仅仅有那些肉眼可以看到的成果，也有那些成果和它们的创造者、规划者留给乌镇的影响，在漫长的发展岁月里，沉淀着、等待着、积攒着，历久弥新。

一、艺术介入对乌镇旅游的影响

乌镇并不是在盲目地发展，而是立足过去与未来，尝试打破国内外的隔阂与壁垒，尝试构建一个集艺术和旅游于一体的乌镇。

乌镇是一个承载着丰富吴越文化内涵的江南古镇，艺术介入乌镇为当地的旅游业创造了更加多元的旅游生态。当今的乌镇在世界上有着"中国乌镇"的良好口碑，这不仅是乌镇特色化品牌建构的成果，也是乌镇国际化发展思路的成果。

艺术介入乌镇让乌镇不再是单一的江南旅游小镇，而是摇身一变为东西方艺术交汇之地，吸引着国内外的旅行者和艺术爱好者。乌镇不是一个简单的小城镇，它面向国际，可以代表中国。艺术介入的目的也不仅是增加乌镇的旅游收入，还要让乌镇真正成为一个蕴含深厚传统文化底蕴又具备国际视野的文明交汇之地。

戏剧节、世界互联网大会……一系列的"不可能"在乌镇成为可能。在众多的"不可能"中，艺术介入乌镇发展反而成为水到渠成的"可能事件"。作为标志性旅游目的地的乌镇，通过打造全方位的视觉情境完美地演绎了人们所构想的江南意象。[2]乌镇贴上艺术的"新标签"后，就不再仅是中国的江南水乡，而是顺势成为艺术思维模式下全球化发展的"微缩景观"。

以乌镇国际当代艺术邀请展为例，艺术邀请展从无到有，预示着艺术介入乌镇的发展将更加深入。邀请展摒弃了"搭台唱戏"的传统思维模式，力求营造一种大众审美和专业鉴赏之间的审美平衡。影像、装置、行为艺术……多元的艺术形式吸引了众多来自世界各地的游客到此"品鉴"，大大增加了游客的多元性，提升了旅游的品质和效能。例如，安尼施·卡普尔的作品《双眩》作为众多展品中的"流量"担当，每天都吸引着无数游客驻足观览和拍照，其以不锈钢为材质制作倒置、正向的艺术镜面，将江南水乡的斑驳之美和游客映照在一起，引发游客的思考(见图2.26)。

---

[1] 陈向宏.体验运营：创造运营独特体验[EB/OL]. [2022-10-05].

[2] 艺术信息与资讯."旅游+"模式，公共艺术介入小城镇的新路径[EB/OL]. [2022-10-09].

图2.26 乌镇国际当代艺术邀请展作品《双眩》

艺术介入乌镇为旅游发展带来的多种可能性，使乌镇突破了以往的旅游"语言"方式，用特定的空间、结构将千年古镇的历史痕迹和历史记忆综合呈现。无论艺术截取或展示的是乌镇的哪个元素符号，它所传达的艺术思想总能与乌镇这所古镇产生同频共振效应。它不独立于艺术自身的体系之外，而是融入乌镇旅游生态圈的综合体系中，以"旅游+"的模式与乌镇产生更多的关联性和互动性——这种新的艺术体系成为乌镇新的传统语境和文化语境共生下的旅游创造力。

艺术介入乌镇旅游发展可以吸引众多游客、促进旅游发展，同时，艺术介入乌镇的可持续性也需要艺术家的参与。吸引艺术家入驻对乌镇旅游的发展有两个意义：第一，艺术家可为乌镇未来的艺术发展提供源源不断的新鲜血液，进一步扩充"旅游+"的艺术内容；第二，打造乌镇的艺术文化名片或艺术品牌，如木心美术馆的落成就是基于艺术家自身的影响力而进行的艺术"再生产"。

在艺术介入的推动下，乌镇从一个江南小镇变成一个具有国际性和艺术性的多元旅游小镇，融合了各种赛事IP、戏剧IP、位置文化IP等元素，将古老的文化与新兴的力量结合在一起，吸引了传统商务人士、戏剧爱好者、影视爱好者、艺术家等各种类型的游客，同时从全游客角度设计和生产了多种商品，也出现了各种层次的消费服务。"艺术+文学+时尚+互联网+旅游"多元混合的旅游模式让游客数量和构成不断改变，来访乌镇的游客逐渐从最初的水乡文明体验者变成后来的某种艺术爱好者，再变成现在的全层次的普通人群。

乌镇借助艺术的力量，展现中国艺术、世界艺术，使艺术汇集于此，铸造艺术小镇[1]，其广泛的影响还将进一步体现在社会文化层面。对社会而言，大众审美、社会结构、传统文化等，都是需要考虑的问题。后现代主义思潮解构了人们对传统文艺、本质主义的探讨，让艺术融入了人们的生活，但是艺术变成了一种碎片化的存在，当然这是时代的反应，我们不能一味地批判这种现象。对此，舒斯特曼认为："尽管冒着被非审美世界堕落地盗用的风险，艺术还是应该撤去它那神圣的分隔，进入日常生活领域，在这里艺术可以作为建构性的改革的指导、范式和推动，而不仅仅是对现实的一个外来的装饰或一个令人向往的想象上的改变，而更有效地发挥作用。"[2]如此，艺术就需要发挥"在场"的意义，让大众在生活的实践中感受到艺术的文化性，而不是被生活琐碎消解了对文化的追求。乌镇的艺术作品中，很多是以大地艺术的形式，突出了艺术与空间环境的关系，以及观众与艺术的交流，让观众在生活中感受文化的气质，而不是以复制的方式满足观众的生理需求。

从社会结构来说，乌镇介乎传统乡村与现代城市之间，既具有乡村的传统文化特质，又具有现代城市的商业文明，所以乌镇能引发人们对社会不同角度的思考。从传统文化来说，乌镇既展现了对传统文化的继承，又展现了现代艺术形式，这对于思考传统文化与现代文明如何融合发展具有重要意义。

二、艺术介入对乌镇社会文化的影响

艺术介入乌镇，与乌镇水乡特色和历史文化的交融，吸引了众多国内外游客，以独有的方式为乌镇的文化旅游带来前所未有的社会效益和文化价值影响力。艺术的独特性造就了乌镇文化产业模块的多元性，促进文化旅游产业多业态发展的同时，也为地方社会经济发展创造了前所未有的条件，为构建社会主义和谐社会发挥了不可或缺的作用。在艺术介入乌镇发展的同时，许多新专业也应运而生，为艺术领域专业人才的培养发挥了积极作用。

艺术介入对乌镇社会文化产生的最大影响表现在艺术的在地性，而在地性使艺术与乌镇本土文化之间产生了内在的关联性。以戏剧节为例，戏剧节在跨越国界，促进文化交流方面表现优异。戏剧节在体现艺术元素的同时，能够将乌镇千年的历史发展文明融入其中，乌镇得天独厚的人文历史底蕴和自然风貌为戏剧节提供了肥沃的"土壤"，而戏剧节为乌镇凝聚文化气息，塑造艺术氛围，为千年古镇的发展带来新的生机。这场缘起于乌镇的艺术盛宴，体现了乌镇的本土文化，使艺术发展和成长为乌镇本土文化的一部分，从而促进本土文化走向复兴。[3]

[1] 艺术信息与资讯."旅游+"模式，公共艺术介入小城镇的新路径[EB/OL]. [2022-10-19].

[2] [美]理查德·舒斯特曼. 实用主义美学[M]. 彭锋，译. 北京：商务印书馆，2002：38-39.

[3] 宋豆豆. 浅析艺术节对乡村小镇的作用[J]. 商业文化，2022(11)：118-119.

在某种角度上，中国社会大众需要戏剧节这种狂欢方式，它比传统的庙会更能吸引当代主流年轻人的目光，也更能引起世界的关注，成为向世界展示中国文化的窗口。乌镇是一个社会文化得以展示的契机和窗口，它不仅加强了人们对原有社会文化的认可度，也让更多人置身于平时无法随时感受的文化环境中。乌镇给了多元文化交汇融合的机会，许多外来文化一起融入这里的原有文化中，让人们以前所未有的文化自信看待乌镇和乌镇文化。

其实，艺术介入还潜移默化地改变了社会文化的主体——人，不仅是参观乌镇的人，还有乌镇土生土长或者一直工作于此的人。有学者做过相关的调查，对乌镇全域游客进行抽样采访(见表2.2)。全域旅游的全游客要素不仅能够反映游客自身的满意度，还能体现乌镇居民的变化。景区工作人员多数是乌镇当地居民，当地居民对艺术要素的理解和接受程度升华了他们的态度与境界，也促使他们对乌镇文化进行更好地解读，进而促使他们成为乌镇整体社会文化的传播者和发扬者。在谈到当地工作人员的时候，陈向宏曾经说过："到我们这里工作的有下岗工人，有年纪大的，有偏远农村过来的，你要求不了他们每个人都做得恰到好处，但是你能要求他们每一个动作，每一句话语都出自善良之心。"[1]

表2.2 某调查中游客对乌镇全域旅游全游客要素的认知

序号	问题	选项	频率	比率 /%
1	您对景区工作人员素质高、专业性强的说法持什么态度	非常不赞同	9	1.2
		不赞同	176	23.0
		一般	137	18
		赞同	321	42.2
		非常赞同	117	15.4
2	您认为乌镇居民对游客的态度怎么样	敌对	2	0.2
		冷漠	5	0.6
		友好	179	23.6
		热情	423	55.7
		欢迎	151	19.9
3	您对乌镇西栅景区可以体验的水上集市、喜庆堂、草木本色染坊、乌陶作坊、国乐戏院、乌镇戏剧节、乌村体验乡土风情、东栅的摇橹船等活动的看法是什么	非常不满意	4	0.5
		不满意	17	2.2
		一般	212	27.9
		满意	375	49.4
		非常满意	152	20

同时，志愿者也是一面镜子，他们的态度能反映乌镇的社会氛围。例如，乌镇戏剧节

---

[1] 陈向宏. 体验运营：创造运营独特体验[EB/OL]. [2022-08-23].

和世界互联网大会期间，会有众多的志愿者前来乌镇帮忙维持秩序，他们"每天重复着相同的站岗与翻译工作，并且时刻保持着'露出八颗牙'的标准微笑和端庄的站姿。"[1]

在谈到艺术介入对乌镇当地人的生活的影响时，张晓峰先生说："乌镇引入了一个国际艺术水准的一流作品，开拓了当地人的眼界、审美。让一个看似很普通的小镇的居民，也可以接触到大师的作品，然后提升了自己的鉴赏能力等。另外，他们把这种文化艺术当成自己生活的组成部分，这当然也是当地的一个骄傲。"[2]

当然这些都是建立在乌镇的发展规划本身就是以人为本的基础之上的，乌镇在发展建设的过程中始终都在考虑游客和居民的体验，例如，"乌镇二期(西栅)作为度假中心，需要给游客带来很好的旅游体验，安静、休闲、舒适，而不是闹哄哄的感觉，所以不搬迁根本做不到。搬迁就花掉了9个月的时间"，"为此，我们在西栅周围先建了安置房，比如银杏小区；又建了廉价房，比如长城公寓；再建了廉租房，我们尽量做到让当地老百姓满意"。[3]

三、艺术介入对乌镇的经济影响

在有些人的认知里，消费的行为与保护的原则似乎是矛盾的，但实际上，消费在当今社会已经不再是一个贬义词或者是天然带有伤害意味的词汇了。不可否认的是，一些促进消费的行为会导致对古镇的一些损伤，比如，从乌镇最初的旅游盈利模式来看，缺乏艺术和人文气息的纯粹消费导向是不能盘活一个如此有价值的古镇的。

当时的盈利模式，基本上除了住宿收入就是商铺收入，商铺需要通过多种分销渠道向客户销售商品或服务来获得收益，因此盈利是商铺的主要甚至唯一目的，而这样一来，对客流量和消费量的过分在意就会导致商铺的经营者们不能按照理想的方式去运营和保护古镇。这种现象在各个古镇的发展过程中都是存在的。陈向宏说："周庄满街都是卖猪蹄的，过度商业化就是我的噩梦。"商铺的经营者们往往为了获得更多的利润而按照营业需求对古建筑进行改造，对古镇的商品进行改造，就很容易导致一些与古镇原本的文化格格不入的商品和服务出现，比如网吧、酒吧、奶茶店、电子游戏厅等，无疑这是许多来自都市的旅游者们都需要的基础设施，但又与原本古镇的那种气质不甚相符。如果完全舍弃这些基础设施，那么乌镇就不再能够满足现代访客的多样化需求，但毫无疑问的是，现代装潢和设计下的那些店铺并不能够真正融入古镇。所以，管理人员决定不再随意交付店铺所有权，而是用旧石料和旧木头统一改造，对整个区域进行整体的设计和装修，才产生了整体化的、和谐的审美体验。

[1] 浙江省桐乡市乌镇志编纂委员会.乌镇志[M].北京：方志出版社，2017：182.

[2] 源自笔者与张晓峰先生2023年2月18日的访谈内容。

[3] 公关世界.乌镇总裁陈向宏：我是如何操盘乌镇的[EB/OL].[2022-08-23].

同样地，最初的住宿经济也有这样的问题，如普通酒店的装修毫无乌镇特色，不能满足那些追寻乡土或者诗意气息的旅游者的要求，越来越多的古色古香风格的民宿出现，为更多人提供了更加沉浸式的居住体验，刺激了乌镇住宿经济的快速发展。在乌镇，江南乌村可以说是十分值得一谈的住宿之选。"回归此岸"是乌村倡导的文化理念，放弃了精英文化对彼岸的追求，以及对人文关怀的时代使命，将神圣的文化导向了世俗生活，通过琐碎的凡间生活让人感受乡间田园气息，从而真正实现生命的寄托。[1]乌村里可供住宿的房间有7种主题，即"桃园""米仓""渔家""竹屋""磨坊""酒巷""知青"，这种农家的生活主题还原了古代农村"晴耕雨读"的生活状态，让生命与自然高度融合。

同时，乌镇的管理方也严格要求商铺的经营者，所有民宿都按照一定的标准进行装修，民宿中经营的饮食也要对价格进行报备，对菜的分量也有规定，甚至有对老板的考核制度[2]等。

而上面所说的这些，仅仅是一些简单的艺术设计和经营管理对乌镇最早的经济模式的改造罢了，真正的艺术介入为乌镇带来的经济影响更加重要。以西栅的旅游要素分布为例，乌镇的西栅景区的旅游要素整体上呈现聚集状态，而聚集的核心区域大致是乌村、世界互联网大会、大剧院等艺术介入明显的地区，也就是说，艺术成果直接影响了景区的旅游要素倾斜，也就直接带来了景区布局的差异，其根源还是艺术介入产生了经济价值。

一系列艺术元素、艺术活动为乌镇旅游产业带来了持续发展的动力，使旅游产业更加完善和丰满，随之而来的则是内在"动能"的转换，即可持续发展的艺术文化动能转化为经济的发展势能，带动了一系列经济产业链的发展。从乌镇经济发展的角度分析，外显经济效益包括艺术纪念品的开发、艺术主题相关项目的开设等直接性消费；内在经济效益则体现在对乌镇品牌的塑造和推广方面，尤其是随着社会的发展，经济模式的评价体系突破原有的单一标准，向质量和生态角度转向。

为此，乌镇以艺术为媒介，将乌镇旅游核心产业进行合理化设置(见图2.27)，将旅游与消费的供需关系进行合理评定，使艺术与旅游处于一种生态可控的合理范围内。这主要体现在以下方面：完善艺术相关的配套及周边，深耕乌镇艺术文旅的品牌质量；增强古建筑艺术文化内涵，使艺术媒介和商业形态相契合；提升艺术媒介设定的合理区间，扩大艺术促进经济发展的潜力。此外，在乌镇经济发展的延续性方面，地方也相继出台相关政策，在传承、挖掘和促进传统文化与现代艺术结合的同时，统一布局，使艺术与经济的发展更趋合理，并保持长足的可持续发展动力。[3]

[1] 郭倩.当代乌镇文化研究[D].上海师范大学，2019.
[2] 陈向宏.体验运营：创造运营独特体验[EB/OL].[2022-08-23].
[3] 经理人杂志.传统文化维系下的乌镇旅游经济发展研究探讨[EB/OL].[2022-10-19].

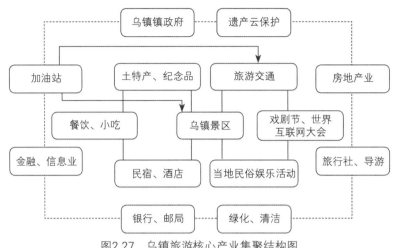

图2.27　乌镇旅游核心产业集聚结构图

艺术活动的成功举办使得"文化乌镇"形象深入人心,特别是戏剧节的成功举办,使乌镇逐渐成为具有中国特色的戏剧城市品牌。[1]艺术活动作为"独立"个体,正在以润物无声的方式在乌镇慢慢"渗透",使乌镇的经济发展、文化传播方式和消费模式发生巨大变化。艺术活动形式多样、内容丰富,使艺术真正进入大众生活。

乌镇最具代表性的艺术活动是乌镇戏剧节。官方数据显示,前四届戏剧节共吸引嘉宾700多人次,有700多家媒体报道,游客和观众人数更是超过了百万人次。据报道,第八届戏剧节(见图2.28)开幕的一周内,超过两万张特邀戏剧票被抢购一空,通过互联网渠道购票的人数也突破35万人。这充分表明,戏剧节作为乌镇一张亮丽的名片,成功塑造了乌镇的特色艺术文化品牌。同时,作为艺术活动的重要组成部分,戏剧节也成为乌镇经济转型发展的重要风向标。戏剧节期间,游客进入景区,票房收入只是乌镇经济收入的一部分,周边衍生经济体,如餐饮、住宿等,也得到了极大发展。艺术活动展现乌镇国际艺术文化属性的同时,也带动了地方经济的飞速发展。[2]

数据表明,实施古镇保护与旅游开发后,乌镇全力建设经济强镇、旅游名镇、文化新镇,优化产业结构,重点扶持、发展旅游业等第三产业。2016年,乌镇工农业总产值达到91.84亿元,地区生产总值达到33.15亿元。其中,第一产业增加值1.85亿元,第二产业增加值13.86亿元,第三产业增加值17.44亿元,分别占地区生产总值的5.58%、41.81%与52.61%,财政总收入2.82亿元。[3]

[1] 丁俊杰. 文化乌镇:何以具有如此的市场魅力[EB/OL]. [2022-08-24].

[2] 文旅中国. 一个艺术节能带来什么[EB/OL]. [2022-08-24].

[3] 浙江省桐乡市乌镇志编纂委员会. 乌镇志[M]. 北京:方志出版社,2017:41.

图2.28 第八届乌镇戏剧节现场

乌镇的规划团队在经济把控方面处理得非常好。2007年乌镇西栅建成和开放之后，乌镇景区的年游客量超过900万人次，年旅游收入近20亿元。该团队负责人陈向宏规划的北京古北水镇开业以后，年游客量超过 250万人次。2018年，乌镇旅游营业收入达190 471.92万元，净利润达73 376.46万元，每股收益1.4675元，净资产478 367.19万元，除了营业收入位居第二，其余三项指标均排名第一[1]，而古北水镇的旅游收入近10亿元。即便在新冠疫情期间，乌镇和古北水镇依然发展得比较好。

四、艺术介入乌镇发展面临的问题及解决办法

（一）面临的问题

无论是不是艺术介入，只要是介入，似乎总有反对的声音。乌镇的规划和设计人员也表示听到过这样的争议和反对的声音："有些观点，比较极端的例子是一些专家认为历史留下来的东西是不能人为地干扰、干涉的，比如长城，现在风刮日晒，暴雨冲刷，塌了也不能动，因为他认为这就是自然的现象，你去动就干扰了历史遗迹的这种自然发展的进

---

[1] 周人果. 专访陈向宏，乌镇的"真"与"假"[EB/OL]. [2022-08-25].

程，这些观点都非常极端……我们不能否定这一观点，但是这几年国内越来越多的专家开始认可要对文物进行有效的利用。"[1]当然，乌镇在这个问题上其实处理得相对不错，乌镇用自己的挽救式开发和保护传统资源的理念回应了许多反对者，让大家看到了乌镇的诚意和成功。随着商业发展和旅游业扩张，以及乌镇越来越国际化，保护的问题依然存在。不得不承认的是，乌镇始终面临如何更好地保护传统文化的考验。

保护不仅仅是留存和简单地利用，也不仅仅是艺术工作者的任务。早在20世纪二三十年代，梁漱溟等中国近代精英知识分子在乡村建设中所遇到的最大困境正是"乡村运动，村民不动"。[2]而当下的艺术介入城镇的发展过程中，也存在这样的问题，当地人不能融入，外来人不能欣赏。张晓峰先生就曾经提到："把东西往那儿一摆，就像一个文物似的展览，第一大家看不懂，第二大家也摸不着，大家也不知道这玩意儿到底跟自己有什么关系。还有很多非遗也失去了它本身的生活场景，比如虎头鞋，现在还有几个孩子穿虎头鞋？现在觉得好玩，当年很多人都觉得这是土气的东西，并没有觉得它有什么好。"[3]这种现象其实不仅仅是乌镇自己面临的问题，也是我国大多数小城镇面临的问题。人们虽然有怀旧的心理，有追寻农耕文明的追求，但是不代表人们就能接受简单而肤浅的展示，就能接受当代文明的"展览品"。所以，如果只是肤浅展示这样的旅游方式，人们很快就会审美疲劳，展览就会失去活力。

乌镇作为千年小镇(乌镇风光见图2.29)，以其自身的文化背景和历史底蕴吸引全世界的众多游客慕名而来，艺术介入乌镇发展，为乌镇带来众多"红利"，也使得乌镇的商业气息和现代气息越来越浓厚。与此同时，传统文化遭受严重冲击，甚至走向没落和消亡。这种现代文明与传统文化碰撞带来的现实困境，进一步而言，是传统文化在艺术介入城镇发展中面临的普遍问题，也是乌镇发展过程中面临的最大挑战。

艺术介入乌镇发展的另一个问题是可持续发展动力不足。当艺术对自身文化背景的内化过于肤浅时，如何寻找发展的动力，尤其是可持续供给的动力就显得更加重要。实际上，这两个问题是艺术介入城镇发展的本质问题，也是研究者不可回避的一体两面。

当然，除了自身问题，还不得不考虑竞争压力导致的同质化陷阱。乌镇所在的长江三角洲及其附近地区有太多江南古镇，西塘、周庄、南浔……都在不断发展，也都在寻求艺术介入，在发展过程中，也会引入一些与乌镇相似的元素。在开发和建设的过程中，拥有相似自然条件的小镇很容易出现开发理念同质化、开放路径同质化和旅游产品同质化的现象。那么，如何避免被淘汰呢？如何以独特的优势胜出，让自己不落入同质化的陷阱之中，避免成为竞争的牺牲品呢？

[1] 源自笔者与张晓峰先生2023年2月18日的访谈内容。

[2] 王孟图. 新时代艺术介入乡村建设的焦点问题[J]. 艺术管理(中英文)，2022(3)：110-115.

[3] 源自笔者与张晓峰先生2023年2月18日的访谈内容。

图2.29 乌镇风光

当然，与周庄、西塘、南浔等江南古镇不一样的是，乌镇采用的是整体保护、开发并且对接国际化发展渠道的发展模式，这种模式在我国的古镇发展历史上可以说是没有出现过的。各地都在研究乌镇和借鉴乌镇，那么，乌镇应如何不断更新自己的发展模式，不断与时俱进呢？如何面对诸多借鉴而始终处于活力焕发的状态呢？

(二) 解决办法

谈到这些问题，就不得不谈解决问题的办法，其实乌镇在发展过程中不断产生问题，也在不断解决问题。正是一个个问题的解决，让乌镇一次次地新生。

笔者认为，针对艺术介入乌镇发展带来的问题，可以从以下几个方面解决。

第一，深耕本土文化，开发优势旅游衍生品。乌镇要从自身的品牌影响力和价值出发，围绕活态文化品牌，借助艺术的力量，打造特色文化形象，丰富传统文化的继承和发扬方式，将传统文化的遗风和内蕴完美呈现；合理规划发展模式，贴近旅游者实际，倾听来自各方的合理意见，保持艺术介入可能带来的文化更新的同时，努力保留本土艺术的固有乡土气息，充分展现自身文化优势，促进旅游产品的多元性。

第二，立足文化发展势能，缔造文化圈层效应。乌镇兴于自身文化特色底蕴，这种自身文化动力即便是在日趋现代化的今天依旧保持强劲的发展势能，这是由千百年来乌镇地域特色文化辐射下的生态文化圈所导致的。传统艺术、现代艺术、经济、文化、科技汇集于此，为乌镇的行业发展和未来商贸格局的设定培育了丰厚土壤。同时，这也使得乌镇焕发新生，走出国门，走向世界。

第三，立足乌镇风貌，构建立体式、层级式发展模式。目前，乌镇对旅游者的吸引力有所下降的主要原因是旅游同质化现象凸显，逐渐偏离乌镇自身的原始风貌和特点。同质化现象容易使人产生审美疲劳和视觉乏味，进而对乌镇的风貌失去兴趣。因此，应该立足乌镇的自身风貌、传统文化、人文风情等，在传承的基础上发展和弘扬，并推动立体式可持续发展模式，拓展层级式发展空间，避免艺术介入乌镇带来的单一性和片面性。

第四，整合文化资源，彰显乌镇特色。国内研究小城镇问题的专家乔润令认为，让特色小镇拥有竞争力特色才是小镇发展过程中所要追求的。[1]乌镇的历史文化遗迹显著，这也是其受到国内外游客喜欢的重要原因之一，同时也是乌镇自身发展的内在核心动力。面对艺术介入的发展趋势，乌镇在发展和增益的同时，应该尊重历史，保持现状，修旧如故，古色古香，同时整合多方资源，恢复原有的乌镇文化气息和风貌，凸显本来的价值；杜绝纯商业气息的加重，避免买卖场所效应的产生。唯有构建文化传播、熏陶的乌镇特色文化产业链，才能彰显乌镇内在精神品质。在这方面，陈向宏曾经提到过一个生动的例子，同一种商品，在乌镇西栅只允许一家商铺经营，其目的就是避免恶性竞争，甚至所有的承租户都是由他们发工资，商铺老板亏了钱，他们还会补贴。[2]这种方式就是为了杜绝纯商业气息熏染乌镇，如此才能让乌镇的特色产业真正地发光。

总之，乌镇需要以文化主题为立足点，既要保证其原真性，凸显其田园气息，又要有国际化视野，将自身打造成具有中国特色且与世界接轨的古镇。如此，乌镇既能继承传统文化，又能杜绝商业气息的熏染，实现可持续发展，同时挖掘不同层次的观众。

[1] 乔润令. 既好看，又能赚钱，才是最好的特色小镇[J]. 房地产导刊，2017(11)：24-25.

[2] 商业周刊. "乌镇总设计师"陈向宏[EB/OL]. [2022-08-25].

第三章

在地化：艺术介入中国城镇
"微更新"发展

    2004年，哈佛大学的一份研究报告指出，世界经济发展的重心正在向文化积累厚重的城市转移。[1]

    在全球化、现代化的今天，中国的城镇化在加速推进，中国文化也随之在世界范围内传播和发扬。从2007年开始，中国城镇化、新型城镇化及特色小镇建设被提上日程，特别是党的十八大提出了"提高城镇化质量"的战略要求和重要决策，开启了中国城镇现代化建设发展的步伐。[2]

    城镇的发展伴随着城镇的"更新"，这种更新不等于推翻过去、大拆大建，让一切重新开始，而是保留城镇原有的文化、街景和记忆，让本土文化得以保存，并在城镇建设中发挥重要的作用。

    此外，现代艺术也在以各种各样的方式影响和介入中国的城镇化发展，艺术为城镇文化带来新生机和新活力的同时，其形式也需进行在地化。艺术介入城镇发展，不是将这座城从历史的记忆中抹去，而是使其插上更加珍贵的"羽翼"，使其文化慢慢积淀、保有温度，长存于人们的生活和记忆中。[3]艺术介入在城镇的发展中扮演了"城镇活力"和"新鲜血液"的重要角色，是城镇化更新过程中不可或缺的组成部分，也是城镇文化发展的重要体现。

[1] 孙博，张晓诗，黄婷婷. 精神重塑：公共艺术介入城市更新行动[J]. 工业工程设计，2021，3(4)：59-65+88.

[2] 徐选国，杨君. 人本视角下的新型城镇化建设：本质、特征及其可能路径[J]. 南京农业大学学报(社会科学版)，2014，14(2)：15-20.

[3] 胡春萌. 艺术，为城市更新拓宽思路[N]. 天津日报，2021-11-23(10).

中国城镇发展现状

一、中国的城镇发展

著名社会学家费孝通先生认为"如果我们的国家只有大城市、中城市，没有小城镇，农村里的政治中心、经济中心、文化中心就没有腿。"所以他提出了"要把小城镇建设成为农村的政治、经济和文化中心，小城镇建设是发展农村经济、解决人口出路的一个大问题"的看法。[1]

(一) 中国城镇化发展阶段

中国的现代化建设中，城镇建设是重要的历史性任务，城镇化的推进和建成，将会对中国的经济和社会发展产生深刻的、具有里程碑性的意义。[2]研究中国的城镇发展历程是十分重要的，因为只有这样才能看到历史的经验和教训，才能了解如何更好地发展我们的小城镇。中国城镇发展大致经历了五个阶段：起步阶段、波动发展阶段、停滞发展阶段、高速发展阶段、平稳发展阶段。[3]

1. 起步阶段

中国的城镇化起步阶段，主要是指中华人民共和国成立至1957年，此阶段国家优先发展重工业，限制农民进城，以更好实现农业为工业服务。1952年7月，政务院会议就农村剩余劳动力的问题展开讨论，制定了《关于劳动就业问题的决定》，提出解决农村剩余劳动力问题的方针和办法，此后《关于制止农村人口盲目外流的指示》《中华人民共和国户口登记条例》等的颁布，都严格限制农村人口进城。由此，全国的城镇化率低，城镇人口仅有三千多万人，人口占比不足全中国人口总数的8%，城镇化规模尚未出现。至1957年，城镇化人口虽明显增加，但也仅占全国人口总数的约12%。

2. 波动发展阶段

我国的城镇化波动发展阶段为1958年至1965年。此阶段中国城镇的发展数量有了质性增长，与1957年相比增加了近20%，城镇人口数量在全国人口中的占比突破15%。随着国家政策的变动，城镇化的进程和人口数量出现了波动，城镇数量有所缩减，城镇化人口随之呈现下降趋势。

3. 停滞发展阶段

我国城镇化停滞发展阶段为1966年至1978年。受特殊历史原因的影响，此阶段中国的城

[1] 费孝通. 小城镇四记[M]. 北京：新华出版社，1985.

[2] 马光远. 记得住乡愁的城镇化[J]. 商周刊，2013(26)：19.

[3] 陈彬. 我国城镇化发展的历史与未来趋势[EB/OL]. [2022-09-15].

镇化进程受阻，无论是城镇的整体规模，还是城镇化的人口数量均发展趋缓，甚至停滞。

4. 高速发展阶段

中国的城镇化高速发展阶段为1979年至1991年。改革开放的春风吹开了中国迈向新时代的大门，特别是党的十一届三中全会以来，一系列城镇化发展政策、战略的出台和实施，带动和加速了中国城镇化发展的进程。1984年10月，国务院发出《关于农民进入集镇落户问题的通知》，规定农村人口可以在集镇安居，从事商业、务工等活动，但是口粮自备，农民可以兜售自己的劳动产品了，由此进入乡镇发展的黄金时代。此时，中国城镇的数量与前三个发展阶段相比呈几何倍数增加，城镇化人口与1978年相比增长率突破了80%，城镇化发展欣欣向荣。

5. 平稳发展阶段

1992年至今，我国的城镇化发展进入平稳阶段。党的十四大、十六大对中国城镇化建设和发展给予了明确的发展方向和目标。从此，中国城镇化建设的新篇章拉开序幕，城镇化、城市化发展异常活跃。

纵观以上发展历程，可以看到至20世纪50年代，具有现代性特征的中国城镇化建设已经开始萌芽，迄今已有七十多年的历史。特别是随着改革开放及经济的飞速发展，中国的城镇现代化发展速度不断加快。[1] 进入21世纪，面对新时代背景下的新发展思路，中国城镇化发展开始重视和强调发展的高质量，重点解决城镇化程度和质量“高不高”、人民“满意不满意”等深层次问题。[2]

1978到2021年，这四十多年是中国城镇化发展最快速、效果最显著的阶段，中国城镇人口数量从1.7亿人增长到9.1亿人，城镇居民人均可支配收入从343元提升到47 412元。多年间，中国城镇经济年均增速超过了10%。[3] 从“星星之火”变为“燎原之势”是这些年中国城镇化发展的生动写照。可以说，中国几乎经历了人类历史上最大规模的城镇化的加速过程，在这段时间里，我国从落后的乡土国家向着繁荣的城镇国家转变，无论是市辖区还是小城镇数量都有明显的增长。

(二) 新时期新的城镇化发展目标

2021年，中国常住人口城镇化率已达64.72%，进入城镇化的中后期。为了进一步推动中国城镇化发展，《中华人民共和国国民经济和社会发展第十四个五年规划和2035年远景目标纲要》提出，坚持走中国特色新型城镇化道路。《党的二十大报告》也指出，以城市群、都市圈为依托构建大中小城市协调发展格局，推进以县城为重要载体的城镇化建设。

---

[1] 鲍菡，黄永健. 中国新型城镇化建设中的艺术参与[J]. 河北学刊，2021，41(6)：210-214.

[2] 卢园园. 新型城镇化研究综述[J]. 社会科学动态，2021(6)：78-82.

[3] 倪鹏飞，徐海东. 面向2035年的中国城镇化[J]. 改革，2022(8)：98-110.

如今，中国的城镇化发展进入了转型发展的关键阶段，新型城镇化的发展和推进，全面提升城镇化建设质量，向着更加多元、更加高品质的健康城镇化目标迈进，是当前中国城镇化发展的重要目标和任务。因此，中国城镇化的现代化发展和实现应该立足本土文化，结合中国国情，从实际出发，积极探索和建立具有中国特色的、立足本土文化发展的新型城镇化模式。

二、艺术介入城镇的"微更新"发展

城镇化的发展"质量"是衡量一个国家的整体发展或区域现代化程度及水平的重要标志，而中国的城镇化发展在整体上则更像是中国历史文明进程中发展的缩影，其中既有曲折中坚持不懈地探索和努力，也有制度、政策的加持和帮扶。

纵观中国城镇发展的五个阶段，前四个阶段的发展，注重城镇的规模和人口数量的增加，从第五阶段开始，城镇化的发展开始注入"人文关怀"精神元素，其中艺术介入作为一种独特而又不可或缺的重要方式，在中国城镇化进程中扮演了举足轻重的角色。

历经七十年，中国实现了"乡土中国"向"城市中国"的转变，走出了一条具有中国特色的新型城镇化道路，与欧洲、北美、拉美等地区有着明显的不同。中国城镇化进程并没有按照国外的成熟经验"按图索骥"，而是在发展中"植入"艺术思维和元素，对中国城镇进行"结构性安排"，构建中国城镇的独特增长肌理，以"空间单元"思维促进城镇化快速发展。这种"空间单元"思维在中国城镇化历史进程中具有重要的意义，如独立工矿区、乡镇工业大院、特色小镇等，都是中国城镇化进程中形成的成长缩影。而这种可以批量复制的"空间单元"，在艺术介入城镇发展的今天，有了更加多元、更深层次的解读。

城镇是文化传承的单元载体，更是人民构建和创造美好生活的有力依托。艺术介入城镇"微更新"，既是对城镇空间的艺术性改造，也是对居民生活方式的艺术化重塑；既是对城镇历史记忆的"修复"，也是对城镇文化特色场域的重构，更是激活城镇更新和迭代的内生动力。[1]注重城镇历史发展的底蕴，以艺术和文化赋能，城镇的"更新"和"迭代"方能"有里有面""有形有神"，让城镇发展留下记忆，让城镇居民记住乡愁。

如今，艺术介入城镇发展，参与城镇"微更新"，正以一种势不可挡而又不容忽视的力量发挥着重要的作用，越来越多的艺术形式参与中国城镇的发展，并与当地的文化融合呈现茁壮成长之势。它在潜移默化地塑造和更新城镇园区、社区空间形态的同时，更能以一种"艺术+人文关怀"的形式为城镇居民带来更加便利、有趣、鲜活的体验，以一种润物细无声的方式提升人们的幸福指数，同时在提升城镇公共空间品质中发挥着日益重要的作用。[2]

[1] 人民网. 微更新，为城市赋能[EB/OL]. [2022-09-18].

[2] 文汇客户端. 艺术正在全面渗透介入城市"微更新"[EB/OL]. [2022-09-18].

但是，针对我国特殊的社会环境，艺术如何介入成为一个问题，如果仅仅是打造传统型城镇，那么其格局明显要低了；如果过度城市化，那将与其他国家同化，失去特色。因此，如何在传统与国际化视野中把握好中间的"度"，就显得尤为关键。所以，我们一方面需要通过对传统文化进行考察，以发挥传统文化的意义；另一方面要借鉴国内、国际优秀的案例，通过相互比对，及与传统文化结合进行思考，才能更好地完成艺术的介入。

乌镇的发展历程是值得参考和借鉴的，无论是其在改造过程中那种严谨的精神，还是在面对多元文化时包容的态度，都值得推广和借鉴。尤其是乌镇以全域视角和坚持特色原则打造多元文化旅游小镇的发展道路，对于当代文旅小镇的建设有着极大的启发价值。这种发展模式和实践探索道路，对于诸多旅游或者其他特色小镇的建设具有重大意义。

古北水镇就是一个非常有说服力的案例。2010年6月，中青旅与密云县政府签订小镇建设的战略发展协议，共同开发小镇国际旅游综合度假项目，历经4年的开发建设，小镇于2014年正式对外营业。[1]古北水镇的诞生和发展参考了乌镇的"内容商+渠道商+资本+政府"的基本模式，将北京郊区司马台长城的历史文化资源和人造的古镇建筑结合在一起，开发出人造的京郊文旅小镇，在经营过程中更是移植了乌镇的整体产权开发和统一经营模式。"上市指引"+"整体产权"+"规划系统"+"原汁原味"+"修修补补"+"大动干戈"是古北水镇开发建设在乌镇模式上的升级及提炼。[2]所以，尽管没有如乌镇、周庄这样江南水乡古镇的知名度，尽管真正作为文旅小镇来发展的时间并不长，但古北水镇仍然可以依靠乌镇的这种模式，迅速把司马台长城和密云温泉等资源转化为文旅竞争之中的优势资源，迅速吸引大量游客，发展成为北方的经典文旅小镇。[3]古北水镇的成功不能说明乌镇的这种模式和方法是应该全部推广的，但能够说明借鉴和参考这种模式是具有可行性的。在实践过程中，艺术介入存在一些可行性的问题，要因地制宜去解决，形成多样的介入形式。

第二节　艺术介入中国城镇发展实例

一、山西平遥：国际摄影大展焕发古城魅影

目前，如何将各地的文化结合当代文旅产业进行创新，是文旅界都在思考的问题。有的城镇从戏剧出发，有的从古文物出发，其目的既在保护文物、文化，又能推动当地经济发展。但是，每个地方都有其特殊性，所以我们需要从不同的案例中总结普遍性，以更好

---

[1] 袁婕.特色小镇建设中运用PPP模式的研究[D].西安电子科技大学，2019.

[2] 杨筱茜.北京古北水镇旅游有限公司文旅项目开发运营模式研究[D].首都经济贸易大学，2019.

[3] 袁婕.特色小镇建设中运用PPP模式的研究[D].西安电子科技大学，2019.

地构建各类富有特色的文旅小镇。

平遥是中国历史文化名城，是唯一一座列入世界文化遗产的中国汉民族古城。平遥是山西省的文物大县，拥有300多处古迹，与云南丽江古城、四川阆中古城、安徽徽州古城并称为中国现存最为完好的"四大古城"。平遥以"传统古镇"闻名，那么通过发扬其传统文化并且与国际化视野结合的考量，可以尝试其艺术介入的行为方式。

平遥国际摄影大展于2001年首次举办，截至2022年已历经22届(见表3.1)。首次举办的时候还只是叫"平遥国际摄影节"，第二年，由于国家有关文件的出台，更名为"平遥国际摄影大展"。这不是一次简单的改名，它预示着这项活动从一个简单的节庆活动变成了一个"艺术展览活动"。

表 3.1　平遥国际摄影大展年表（部分）

届次	举办时间	大展主题
一	2001.09.20—09.30	开放·交流
二	2002.09.20—09.26	世纪·中国
三	2003.09.16—09.22	生活·文化
四	2004.09.16—09.22	文明·发展
五	2005.09.16—09.22	和平·进步
六	2006.09.16—09.22	多元·和谐
七	2007.09.19—09.25	合作·共赢
八	2008.09.19—09.25	奥运·大爱
九	2009.09.19—09.25	生命·梦想
十	2010.09.19—09.25	信心·力量
十一	2011.09.19—09.25	瞬间·永恒
十二	2012.09.19—09.25	回归·超越
十三	2013.09.19—09.25	走向生活的影像
十四	2014.09.19—09.25	影像生活 梦想世界
十五	2015.09.19—09.25	守望家园 放飞梦想
十六	2016.09.19—09.25	天地心 家国情
十七	2017.09.19—09.25	回望初心 梦幻未来
十八	2018.09.19—09.25	众创·共享
十九	2019.09.19—09.25	幸福·奋斗
二十	2020.09.19—09.25	美好生活·守望相助
二十一	2021.09.16—09.18	精彩世界·美丽中国
二十二	2022.09.19—09.25	光影世界·共创未来

平遥国际摄影大展得到了中华人民共和国文化部、中华人民共和国国务院新闻办公室，以及山西省委、省政府的支持，由山西省委宣传部、山西省文化厅、山西省人民政府新闻办公室、晋中市人民政府、平遥县人民政府共同主办。

平遥国际摄影大展立足于打造具有中国传统文化特色的国际摄影展，每届大展都会吸引来自世界各地的知名摄影师和艺术机构参展，以及数十万计的专业摄影师、摄影爱好者前来参观交流。

摄影艺术介入平遥古城的现代化发展，可谓顺其自然。自创办伊始，平遥国际摄影大展就以国际思维为出发点，按照国际艺术节庆的规程进行。在地性与国际化互动、接轨，传统的人文历史文化气息与现代化相融合，使平遥古城的历史风貌、独特的民俗民风与形式多样的影像作品完成时空交汇，产生了意想不到的、空前性的世界影响力和文化传播力。平遥国际摄影展为平遥古城的现代化发展注入了丰富多元、青春激昂的活力，也使得平遥这座古城，借助艺术的媒介焕发出新的生机和未来发展的新动力(平遥国际摄影大展部分海报见图3.1)。

图3.1 平遥国际摄影大展海报(部分)

随着平遥国际摄影大展的日趋成熟,使平遥这座历史名城走向世界,让世界了解平遥,了解山西,以点带面,在构建、推动和助力平遥文化产业生态链条发展的同时,也为平遥未来的发展注入了更多的原动力。

单从经济效益来看,平遥国际摄影大展在举办的二十多年里,为这座城镇带来了非凡的价值。例如,在2011年的摄影大展期间,平遥的招商洽谈就完成了15个项目的成功签约,总引进资金累计达到200亿元。此外,还催化了自产自销为一体的推光漆器园和各种旅游服务设施建设,带动了当地各种产业的发展。

以人文价值为导向的社会效益也不容忽视。例如,2007年的平遥国际摄影大展中,"第三届中国移动手机摄影节暨手机摄影大赛"就引发了全国摄影爱好者的广泛参与,带动了全民的摄影热情。从2020年开始,平遥国际摄影大展还推出了新的计划,更加注重青年艺术家的发展和摄影新生力量的激活,两届"中国青年摄影师推广计划",给予了青年摄影师们一个机会和舞台,使平遥国际摄影大展更加具有新活力。平遥国际摄影大展有着平遥古城的底蕴和二十多年的积淀,也有着不断焕发的新的生命力,摄影激活了平遥,而青年又激活了摄影,生生不息,永远富有生机和活力。

同时,平遥国际摄影大展还有着国际化的格局,不仅会邀请国外的摄影家,而且把中国的文化和形象带到了世界各地。比如,从2005年开始,"平遥国际摄影大展精品展"就在法国、印度、美国、比利时等地进行了一次次巡展,向世界展示着中国城镇的发展成果,也向世界展示着中国艺术的进步。

通过这个案例,我们可以发现,平遥具有相对较好的基础设施和传统资源,而在发展模式上也采用了较多的视觉为主的艺术介入模式,并且选择了国际化的发展道路,不局限于单一的传统资源开发,将传统与新技术、古老东方文化与国际化视角进行融合。这种模式也出现在很多城镇发展过程中,起到了较好的效果,它是很多同样的已具备一定物质条件、文化条件基础的古镇的发展选择。

二、浙江嵊州:越剧小镇,梦里桃园

当下大众追求的既是具有艺术性的文旅,又要带有时尚性的特征,同时要能够与城市中物欲横流的生活方式相区别。对此,以传统的手段推动戏曲的发展,似乎很难走得通,我们需要思考戏曲如何变得能够与可感知的古典乡村生活环境结合在一起,以让大众有着多层次、多方位的情感体验。浙江嵊州越剧小镇,是以传统戏曲为基础构建的,以小镇为核心弘扬越剧文化,如此既能解决文化的传播问题,又能起到振兴乡村的作用,极具典型性。

越剧小镇位于浙江省绍兴市嵊州市甘霖镇施家岙村,四周山清水秀,是被誉为"万年文化小黄山,千年剡溪唐诗路,百年越剧诞生地"的旅游胜地(越剧小镇见图3.2)。

图3.2　越剧小镇

　　小镇按照5A级别景区的标准建设，占地43 889m²，秉承着"越剧为魂、旅游为基、农业为根"的原则，共有剡溪文化区、蓝城农业区、精品农庄区、美丽乡村区、健身休闲区、特色商业区六个区域，集现代农业、休闲旅游、文化创意、生态人居于一体。除旅游景区外，小镇还建有艺术家村落、剧院、工坊、农业设施，以及越剧艺术学校等场所。

　　作为越剧的故乡和女子越剧的发祥地，嵊州市借助越剧艺术的魅力，坚守传统戏曲传承的同时，也为自身的发展打造了靓丽名片。嵊州凭借天然的地理位置优势，汇聚了丰富的文化旅游资源。知名文物古迹的加持，更使其成为第一个以越剧艺术为载体打造的文旅小镇。小镇设施完善，观演场所设置丰富，有古戏楼(见图3.3)、经典剧场、晚宴剧场、越剧工坊、歌舞工坊和儿童剧场六个不同的板块构成，未来的规划发展中还将继续打造包括主题类博物馆、主题公园、非遗体验馆等在内的一系列完善的配套交流措施，全方位展现越剧小镇的优势和特色。

　　越剧小镇坚持以"中国戏曲朝圣地，华东文旅新地标"为定位，形成了系统性的开发思路和完善的设计法则，以及运营管理方面精细严谨的逻辑思路，使越剧小镇向着"梦里桃源"的生活形态发展。2018 年 3 月，国际戏剧小镇联盟 (ITTA) 成立，其会址永久落户于嵊州越剧小镇，也借此彰显了越剧小镇的大格局。[1]

　　未来，越剧小镇的发展将从客户群体的多元、宣传推广、基础设施建设、文化的传承和发扬等方面继续切入，讲好、传承好、发扬好越剧文化的品牌故事。完善品牌的丰满度和充实度，打造立体、全方位的越剧小镇品牌，以提升游客的浸润感，体验和感受传统文化之美。

---

[1] 魏爱萍，金潇.嵊州越剧小镇深度开发研究[J].新西部，2020(12)：52-53+51.

图3.3　越剧小镇古戏楼

三、四川大邑：博物馆小镇，安仁古镇文博产业

传统文博产业的旅游的方式主要以观看为主，这种方式可能无法完全调动观众的情感，因为观众对于观看对象的认识是模糊的。所以，以传统的方式展览很难推动地方文博产业的发展，这一现状需要改变。四川大邑安仁古镇文博产业的变革是值得借鉴的案例。

大邑位于"天府之国"四川，地处成都平原向川西北高原的过渡地带，与邛崃山脉接壤，地势西北高，东南低，呈阶梯状渐次降低，依次出现山区、丘陵和平原三大地形区，具有"七山一水二分田"的地貌结构。其历史悠久、文化繁荣，人类活动痕迹可追溯到新石器时代，而夏、周时期的古蜀国也在这片区域，使这里具有丰富的旅游资源。

位于成都大邑县的安仁古镇是首批国家级特色小镇，城镇化率达63.8%。[1]其中，27座古民居、三条古街道和整个镇子的文化环境是重要的旅游资源(见图3.4)。作为中国博物馆小镇，它凝聚了历史传承中许许多多的珍贵记忆，并延续至今。安仁文化在一次次的积淀中不断绽放。岁月的风尘拂去，安仁的一幕幕在时代的脉搏驱动下焕发新的生机和活力。

---

[1] 蒋柯可，熊正贤. 文旅类特色小镇同质化问题与差异化策略研究——以四川安仁古镇和洛带古镇为例[J]. 长江师范学院学报，2019，35(2)：33-40.

图3.4　安仁古镇特色古建筑

近年来，大邑在"文旅融合"方面进行了许多探索和尝试，其中，安仁古镇作为唯一的"中国博物馆小镇"，正向"文博＋文创＋文旅"的产业融合生态之路迈进。[1]安仁古镇正紧紧地抓住"中国博物馆小镇"这张名片，以此编制了《安仁文创文博集聚区产业总体规划》《安仁文创文博集聚区总体规划》等，以建川博物馆聚落、刘氏庄园博物馆为核心，在充分利用老公馆资源的基础上，发展出一大批小而精的特色博物馆，如唐卡、钱币及咖啡等博物馆，目前小镇已有63座特色博物馆。[2]

博物馆是研究、收藏、保护、阐释和展示物质与非物质遗产的重要场所，它所具备的可及性和开放性，不仅能够给消费者带来文化的熏陶，也能够为他们提供深层次、高品位的旅游产品。在解决旅游城镇发展的同质化、肤浅化问题时，博物馆是一个极好的突破口，它的存在，有助于地区文旅产业突破产品"深度"开发不足的发展瓶颈。此外，博物馆不仅能够作用于外来游客，也可以极大程度提升当地人的文化素养，在人才建设和社会风气塑造层面发挥出更大的价值。

当地特色庄园博物馆还推出精品文旅活动，使游客产生沉浸式游古镇的美好体验。例如，位于安仁古镇的刘氏庄园博物馆(见图3.5)，不仅有精彩的艺术表演，还设有古瓷器展，让游客体验别样的古典公馆文化。

[1] 封面新闻. 成都互联网项目投融资路演·文博文创数字化专场活动在大邑安仁成功举办[EB/OL].
　　[2022-09-25].
[2] 吴梦琳. 小镇建起63座博物馆，一个"文博＋文旅＋文创"的融合发展样本[N]. 四川日报，2022-07-
　　27(12).

图3.5　安仁古镇的刘氏庄园博物馆

安仁古镇还十分注意时下流行趋势，以吸引青年游客。例如，由杨孟高公馆、刘元琥公馆、刘元瑄公馆、陈月生公馆作为实景依托的《今时今日安仁·乐境印象》戏剧，加入了沉浸式"剧本杀"的玩法，尽力将地方特色、文化内涵和当代消费者的需求结合起来。

根据四川省旅游景区质量等级评定委员会相关数据，安仁古镇的年游客量超过200万人次。从这一数据能够看出，安仁古镇的发展是成功的，它也会继续前行。

如今，大邑文博的发展，在继承历史文化，与文物内在底蕴相结合的同时，大胆探索和尝试，借助现代化数字技术，将文博产业的发展不断拓展。云上展览、云上考古、全景沉浸式博物馆等，独具特色的大邑文博插上"数字翅膀"的同时，也为城镇未来的发展提供了更多现代性和可能性。[1]

第三节　艺术介入中国城镇发展现状分析

当前，我国城镇化处于发展的关键时期，城镇化是中国社会经济发展和实现共同富裕发展目标的重要步骤。新时期，城镇发展和乡村振兴对我国的整体发展具有越来越重要的意义。

党的十八大提出了"新型城镇化"的发展理念，认为以城乡统筹、城乡一体、产城互动、节约集约、生态宜居、和谐发展为基本特征的城镇化，才是大中小城市、小城镇、

---

[1] 封面新闻. 成都互联网项目投融资路演·文博文创数字化专场活动在大邑安仁成功举办[EB/OL]. [2022-09-26].

新型农村社区协调发展、互促共进的城镇化[1]。2016年，国家提出和倡导建立"产、城、人、文"四位一体特色小镇。艺术以其独有的情感力量和审美功能，可以在城镇化建设中起到传统城镇建设中其他介入力量所达不到的功能效果，产生意想不到的积极的、正能量作用。[2]党的十九大以来，特色小镇建设成为统筹城乡发展的重要战略支点，提出"坚持农业农村优先发展，按照产业兴旺、生态宜居、乡风文明、治理有效、生活富裕的总要求，建立健全城乡融合发展体制机制和政策体系，加快推进农业农村现代化"。

一、艺术介入中国城镇发展存在的问题

中国城镇化的发展推动和促进了中华文化的复兴，其根基正在于传统文化。城镇化发展过程中，任何忽视以人为本的"艺术介入"，任何忽视传统文化为根基的"艺术植入"，都不能称之为完整和完美的。艺术介入中国城镇发展存在的问题，主要表现在如下几个方面。

(一) 片面追求规模，缺乏艺术环境特色

目前，艺术介入中国城镇的发展，多是基于既有的历史文化，如以名人故居、传统节日、知名古建筑等为基础进行与艺术形式的结合和开掘，而基于现当代城镇发展语境下的艺术探索相对较少。

此外，艺术介入城镇化发展存在规模盲目扩张的问题，许多城镇盲目跟风。实际上，城镇并非一个容量巨大的行政单位，其自身的地理环境特色决定了城镇文化具有一定的封闭性和自我融洽性，也决定了其能够承载的艺术文化体量。如何使外来的艺术适应城镇环境，是解决该问题的重中之重。

(二) 城镇规划单一，建设目标同质化严重

城镇自身特色元素不突出，照抄照搬既有城镇模式现象泛滥，城镇总体缺乏地域文化的植根性；艺术形式雷同，功能单一无序，简单的艺术植入和嫁接，缺乏深层次的文化底蕴输出和艺术个性的塑造。这些主要是由于发展规划上的急功近利导致的，一方面，在外部艺术形式介入时没能充分考虑与本土文化的结合点，使定位模糊不清；另一方面，对城镇自身的特点挖掘不够充分，常常浮于表面，没能做好实地调研，充分调动城镇自身的文化能动性。

艺术介入城镇发展，应该从城镇的本质和内涵出发，全面、统一地进行区域协调，注重艺术介入城镇发展所带来的内驱力和拉动力。

[1] 朱鹏华，刘学侠.以人为核心的新型城镇化：2035年发展目标与实践方略[J/OL]. [2022-09-27].
[2] 黄永健，李苗，胡娜，等.文化科技创新发展报告(2019)[M].北京：社会科学文献出版社，2019.

(三) 艺术营造环境呈极端化方向发展

艺术介入城镇发展，不代表只重视改善形象而忽视完善功能，许多城镇大兴"不破不立""大拆大建"之风。只注重艺术介入带来的外在形象工程建设和纯粹的视觉艺术形式、效果，而忽视艺术介入城镇后为整个城镇未来的发展、城镇居民的现实生活所产生的影响，以及社会的需求，最终导致艺术介入城镇后毫无波澜的尴尬境地。

"艺术介入城镇"并非"艺术占领城镇"，而是要实现"艺术与城镇共生"的局面。所以，本质上这些问题的出现，其实是"以人为本"发展理念在具体实践过程中的缺位和不足。艺术介入城镇，首要也是根本的任务是让城镇更好、更长远地发展，这提示我们应当进一步思考，镇民、艺术与城镇之间密切又微妙的联系。

(四) 地方城镇发展缺乏自主性

目前，政府在城镇发展中扮演着主体性和主导性角色，真正使企业和市场作为主体的发展模式尚不完备。调查显示，在一百个小镇的发展中，政府作为主导角色占60%，而文化企业和市场仅占35%，城镇发展生态链有待进一步提升。

政府主导发展的初衷必然是为了城镇更好地发展，也大有统筹管理的天然优势，但这样会造成企业和市场的懈怠现象，一味依赖政府扶持。艺术介入城镇发展不应当脱离"群众路线"。

(五) 城镇化发展所需的必备因素供给不足

目前，在中国特色小镇的调查中显示，高达80%的城镇存在发展空间不足的现实窘境，资金链短缺和供应不足则成为制约城镇发展和建设的重要瓶颈。此外，人才作为城镇产业发展和转型升级的重要基础力量，其缺失更是成为棘手问题。发展空间、资金、人才储备三大必备因素的短缺，成为制约城镇发展的最大问题。

(六) 功能性与包容性有待提高

城镇中的艺术功能"各自成章"，相互独立的现象明显，各艺术活动/事件之间内在关联性不强，所缔造的"社区""社群"之间缺乏内在逻辑性，带来了功能和后续产生的影响融合不充分。城镇艺术的整体功能性和包容性有待加强，城镇自身优势功能尚未凸显。[1]

---

[1] 小镇探索. 2019年特色小镇发展模式解读[EB/OL]. [2022-09-27].

二、艺术介入中国城镇发展的方式

我国的乡村和城镇在实现振兴发展与共同富裕目标的过程中，有两个重要的发展政策，一是要依靠高质量发展将蛋糕做大，解决有的分的问题；二是要统筹协调初次分配、二次分配和三次分配制度，将蛋糕切好，解决分得好的问题。[1]而这两个政策自然也对艺术介入城镇化发展的出路有着宏观方法论一样的启发作用。

艺术介入城镇化发展，推进中国新型地域建设，需要立足于中国城镇发展特点。艺术作为一种媒介形式，在介入城镇发展过程中需要发挥引领作用，促进城镇面貌品质提升的同时，推动城镇化由量到质、由粗放到精准的转型和转变。未来，艺术介入中国城镇发展的方式主要体现在如下几个方面。

(一) 艺术介入应以循序渐进的方式进行

艺术介入城镇发展，应结合城镇自身的艺术承载力、艺术容量、艺术潜力等，科学合理评估艺术介入的可能性影响，确保艺术与城镇自身优势互补后，以积极、循序渐进的方式进行。考虑到当前大部分中国城镇的现状，其接受艺术的容量并不会位于较高水平，如果贸然引入大量外来艺术文化，很可能破坏当地的文化生态和经济体系，得不偿失。因此，艺术介入城镇发展，应该结合当地经济发展水平和发展潜力，与公共服务容量相适应，与城镇的艺术环境承载能力相融合。

(二) 艺术介入推动城镇的可持续化发展

艺术的介入应以为城镇发展带来积极影响为前提，坚持艺术与城镇中的其他"主体"协调发展，推进和拉动城镇产业能力的升级转型。

同时，艺术介入应优化和调整城镇的未来发展空间格局，积极培育和发展艺术特色优势产业，使之成为城镇转型中的重要载体。艺术形式对城镇空间的布局，可以促进城镇生产空间、生活空间和生态空间的进一步优化，推动和建设可持续宜居的美丽城镇，打造具有地方特色和文化内涵的良好人居环境。

"川西林盘"就是一个非常典型的例子，它是集生产、生活和景观于一体的复合型农村居住环境形态(见图3.6)，这里不仅是艺术介入下的旅游景区，还是"农—林—水—宅"生态模式下的生态小镇。建筑师通过在滨水耕地中加入耕地观景区，或者在林木区中增加游客住宿场所等方式，完善了旅游设施，同时保存了原有的生态和文明，让这里成为大地艺术的展厅。

---

[1] 张琦，庄甲坤，李顺强，孔梅. 共同富裕目标下乡村振兴的科学内涵、内在关系与战略要点[J]. 西北大学学报(哲学社会科学版)，2022，52(3)：44-53.

图3.6 "川西林盘"复合型农村居住环境

(三) 艺术介入促进城镇多样型、智慧型发展

艺术介入城镇发展，应当坚持城镇建设与现代化发展模式、体系相融合。以乌镇的发展为例，在艺术介入发展的同时，大力建设"艺术+互联网"的智慧系统，积极探索和推动城镇化过程中艺术与现代信息化深度融合的发展模式，加快智慧城镇、智慧小镇、人文小镇的建设，不仅充分发挥艺术的媒介融合作用，还在加快城镇化多样型发展的同时，促进了城镇化智慧型发展。

(四) 艺术介入城镇发展，促进和谐型城镇化之路进程

艺术介入城镇发展，还应积极探索艺术在改善和提升民生、教育方面的作用。一方面，应当积极推进艺术介入城镇民生工程建设，加强艺术介入城镇危旧房、城中村、棚户区和边缘区的艺术化改造，以艺术的方式关注弱势群体。另一方面，应当在教育体系中制订统一的艺术介入教育计划，积极推进和妥善解决留守儿童面临的艺术教育资源缺乏的现状，逐步消除城镇内部"二元结构"矛盾。用艺术之名，用艺术的力量促进不同群体和睦共处，共同构建新型城镇化格局。

三、艺术介入城镇发展的目标

"新型城镇化"和"乡村振兴"是中国特色社会主义现代化建设进入新时代后的两大

发展战略，是我国现代化建设的根本内容和重要路径。[1]其实，这也应该成为艺术介入中国城镇发展的目标。

从我国新时代的城镇和乡村振兴的内涵来看，产业、人才、文化、生态、组织五方面全面振兴是共同富裕目标下乡村振兴的内容。其中，产业、文化和生态振兴为的是不断满足城镇、乡村居民日益增长的物质、精神和生态需要，而人才和组织振兴为产业、文化和生态振兴提供保障。"五方面"的全面振兴，为实现城乡对接，缩小城乡收入差距提供物质、文化、生态和人才基础[2]，而艺术介入城镇发展也应该遵循五方面元素的协调和协作，充分调动多元素的积极性，以人为本，因地制宜。艺术的介入涉及文化产业、艺术人才、文化氛围和组织管理与自然生态等多方面，具有更加潜移默化和温和的特点，能够为新时代的城镇化进程和乡村振兴进度增添不可替代的助力。

总之，艺术介入城镇首先要研究地域文化，然后考虑地域对艺术的承载能力，再考虑文化、艺术与观众建构起来的关系，如此才能实现城镇文化、商业的可持续发展。乌镇的发展恰恰是一个非常有代表性的例子。乌镇通过循序渐进、可持续化的方式，建设了多样型、智慧型、和谐型的特色小镇，进而带动了周边地区，刺激了多元要素活性，促进了本地区的城镇化进程和周边地区的乡村振兴。

[1] 杨佩卿. 新型城镇化和乡村振兴协同推进路径探析——基于陕西实践探索的案例[J]. 西北农林科技大学学报(社会科学版)，2022，22(1)：34-45.
[2] 张琦，庄甲坤，李顺强，孔梅. 共同富裕目标下乡村振兴的科学内涵、内在关系与战略要点[J]. 西北大学学报(哲学社会科学版)，2022，52(3)：44-53.

第四章

异国探索：艺术介入城镇发展
的代表性案例及分析

在西方，艺术介入城镇发展的历史渊源最早可追溯到19世纪，最初的探索始于将艺术作品与城市空间联系为一体，营造和创建艺术的"空间领域"，由此作为整体艺术形式的"公共艺术"概念逐渐形成。同时期，人文主义思想在城市未来的规划中开始被重视和盛行。艺术作为一种城市的重要组成部分，以其在公共空间中所呈现出的前所未有的精美形式，在艺术家和城市规划者的努力下，创造了很多成功案例，如"巴黎改建计划""田园城市""艺术救济计划"等，它们在艺术介入人类居住公共空间方面起到了不可或缺的作用。[1]经过近百年的发展，西方国家在艺术介入城镇发展方面已经达到了新的高度，表现在城镇标签的呈现、塑造城镇个性、强化城镇可识别性、营造城镇创意氛围等方面。[2]

国外艺术介入城镇发展是经过不断地积累和演变，经过多方因素共同沉淀后的"产物"。在这个过程中，主要存在内因和外因两方面的影响因素。内因主要体现在历史和文化的内在传承、延续；外因主要是受西方"逆城市化"的影响，促使大城市外疏，为周边小镇创造了前所未有的发展机遇。

国外艺术城镇发展具有鲜明的共性特征，主要表现在：有独特的城镇文化，能够支撑其城镇品牌建制和传播的价值趋向和人文内涵；具有鲜明的主题特色和能够传达城镇品牌的人文识别体系；具有高度的本土文化成长空间、精神及象征高地；重视城镇文化公共空间的生态链建设；能够将自然生态和人文景观进行有机融合。[3]

本章将结合越后妻有大地艺术节、多扎壁画庆典、阿维尼翁戏剧节、维也纳音乐节、卡塞尔文献展等案例，介绍国外的艺术介入城镇发展的成功案例，并对其进行探讨和分析，以期为我国当前城镇发展提供启示。

---

[1] 胡哲，陈可欣.西方城市公共艺术规划发展历程[J].中国建筑装饰装修，2020(9)：122.

[2] 车建修.对城市公共艺术发展现状的思考[J].现代装饰(理论)，2011(10)：55.

[3] 中国艺术头条.美丽乡村之十一：国外特色小镇五大发展模式比较[EB/OL].[2022-10-01].

第一节 越后妻有：连接人与自然的大地艺术节

对于城镇的塑造，有的城镇单一运用文化遗产或自然风貌，有的城镇是将自然风貌与文化遗产结合在一起。不过也有一些与众不同的城镇，它们运用文化手段，既赋予了自然风貌深厚的文化内涵，也展示了具有传统性与时代性的艺术作品，日本的越后妻有就属于这种类型的打造方式。

越后妻有地区隶属日本新潟县，日本作家川端康成称其为"夜空下一片白茫茫"的雪国。越后妻有并非真正意义上的行政区划的城市或者乡镇的名字，而是取自日本古地名"越后国、妻有庄"，这里实际上囊括日本新潟县南部的十日町市和津南町等地区在内的760平方千米的土地。

这里有着秀美的自然风景和深厚的农耕文明底蕴，约4500年前就有人居住在此地，改道河流和开垦梯田(见图4.1)。但在"二战"后，在快速发展的工业化进程的影响和城市文明的冲击下，这里也与许多日本村落或者小城一样，遇到了人口老龄化、地区空心化等问题，曾经无比美丽的土地上，出现了房屋空无人住、学校废止、耕地荒废的场面。1950年，整个十日町市人口数量只有10万人左右，这为当地的发展带来了巨大的隐患。

图4.1 越后妻有地区的梯田美景

在此情况下，当地政府认为必须积极采取措施，以守护这片古老的城镇。1994年，新潟县知事平山征夫提出了"NEW新潟里创计划"，试图振兴这片土地。1996年，当地政府提出了建设"妻有乡艺术圈"的想法，而这其中就包括艺术节之类的提议。1997年，"越后妻有艺术执行委员会"成立，随后诞生了越后妻有大地艺术祭。

越后妻有大地艺术祭始于世纪之交的2000年，作为全世界规模最大、最隆重的国际性户外艺术活动之一，每三年举办一次，每次为期两个月。

艺术节在"760平方千米地区的社区、稻田、空置房屋和关闭的学校"中举办，倡导以"自然拥抱人类"为理念，以"地方重建"为目标，通过艺术的媒介和桥梁，以当地的农田、耕地为艺术形式的展示舞台(见图4.2)，将人与大自然进行"无缝"衔接，探讨和发掘本土地域文化传承，承接地方文化内蕴价值的同时，试图寻找地域文明在新时代社会语境下的发展思路和模式，试图重振因现代文明的"入侵"而逐渐"萎靡"和"衰废"的传统地域文化。大地艺术祭的举办，为越后妻有地区输送了新鲜的艺术养分，注入强劲发展动能，使该地区呈现出久违的艺术活力。

图4.2　越后妻有大地艺术祭在农田中展示的艺术作品

法国社会学家布迪厄曾提出"场域理论"，指空间中各要素之间的关系和相互作用，这些关系可以包含经济、政治、文化等方面。从这个视角来看，越后妻有的发展恰恰是将秩序引入公共的艺术活动当中，引导着人、自然和艺术的和谐共生，构建一个良性场域的过程。

艺术祭的策展人北川富朗选择艺术的方式介入当地的自然和村民的生活，本质上是选择了一种相对柔和和富有无限可能的方式来促成这里的改变和转型。北川富朗受到许多后现代艺术家的影响，因此他十分关注人与自然、艺术之间的那种可以被称为"共犯关系"的羁绊。对于他来说，好的艺术作品不应该只是博物馆里的展览品，更应该是公共空间之中的艺术品，因为人本来就是自然的一部分，而艺术与人又是如此息息相关。

在越后妻有大地艺术祭中，每一件艺术作品都是在人与人、人与自然的关系中诞生出来的。艺术家们会深入场地，感受当地的人文风情和自然风光，在与当地居民沟通、商议、协作之后再去进行作品的创作。艺术家们在当地，与场地之间发生互动，也许是依据某一片起伏的梯田、某一条蜿蜒的河流、某一次与当地人的交谈中迸发灵感，而绝非在遥远的工作室里进行幻想。[1]

如图4.3所示，这是在学校建筑和村庄中展示的"记忆"和"开始"主题的艺术作品。该作品以越后妻有地区居民与京都精华大学学生和毕业生之间的对话为核心，以交流过程中产生的"记忆"和"付诸行动"为主题。六名艺术家，包括研究三维艺术形式的教师和学生，在这所废弃的小学举办了展览、表演和讲习班。

图4.3　"记忆"和"开始"主题的艺术作品

---

[1] 陈炯，甘露. 互动与秩序——生态场域理论视野下的越后妻有大地艺术祭[J]. 美术观察，2020(2)：92-94.

　　在2003年举办的大地艺术祭中，艺术家在稻田里用陶瓷制作了一个巨大的蚱蜢形状的游乐场滑梯(见图4.4)。他希望通过这个作品，让人们在玩滑梯时从不同角度观察稻田，感受田园气息。该作品的名称为habitambo，是habitat(栖息地)和tambo(稻田)组合而成的词。

图4.4　蚱蜢形状的游乐场滑梯

　　当然，这里不仅是人与自然的共生空间，也是充满国际化气息的场所。大地艺术祭的每一届主题都不尽相同，在不断地创作和尝试中，艺术家们不仅试着去演绎当地的文化，也尝试融入各地的文化，让这里出现了"澳洲之家"等艺术场所。在一次次的创作中，艺术家们不断互动，激活了一次次灵感，唤醒了无数的活力。不同地区、不同年龄、不同专长的艺术家们和欣赏者们汇集一处，共享着这里的自然，也交换着彼此的心绪，这便是越后妻有大地艺术祭生生不息的活力源头。每一次艺术活动举办完成，来自各国的艺术家们都会成为宣传者，他们迅速地将这里推广给更多人。

　　如图4.5所示，该作品名为反向城市。作品以成排的巨型铅笔悬挂在粗大的横梁上，每一支铅笔上都写着世界上一个国家的名字。巨大的铅笔颜色各异、高矮不同。这座铅笔小镇被固定在一个不锈钢框架中，在大约两米的高度悬停，脱离自然。五彩缤纷的城市倒挂着，面向游客，当他们抬头看时，会产生敬畏感。

图4.5　反向城市作品

越后妻有的品牌化也做得非常好，在不断的开发和宣传之下，许多子品牌的创造活动，相关产业被艺术带动起来，逐渐形成规模，创造出巨大的集群价值。例如，农产品、服装等产业都因越后妻有的大地艺术祭而得以拥有了更大的发展空间，当地的整体乡村振兴因此而充满活力。

大地艺术祭的发起和举办，在现实维度上起到了促进地方发展、振兴乡村文化的作用。所有的艺术作品与自然属性相融合，餐饮设施、民宿设施、休闲设施等，既可以是艺术品本身，又可以是日常用品的呈现。此外，基于老屋和废弃房屋所改造和"重置"的艺术品，不仅解决了"老、旧、破"房屋改造难题，还赋予其新的生命力和可欣赏价值。关于未来，大地艺术祭希望突破既定范围，跨越不同国家、不同文化之间的界限，以桥梁的作用，关注艺术更多的可能性，在不同的国家和地区做一些关于艺术的有趣的事，充分展现和发挥大地艺术祭更大的功能和作用。

大地艺术祭在质量和规模上被世界各大媒体高度评价，被誉为艺术展览的新模式。通过艺术建立社区这一做法也受到关注，并被多国政府部门借鉴，在各类政府会议、国际会议和研讨会中也经常被提及。

通过大地艺术祭的举办，越后妻有地区的游客人数持续增加。2009年，旅游人数达到最高峰，2015年出现最高年增长率(见图4.6和图4.7)，这也说明会展旅游为旅游业带来了新的生机。

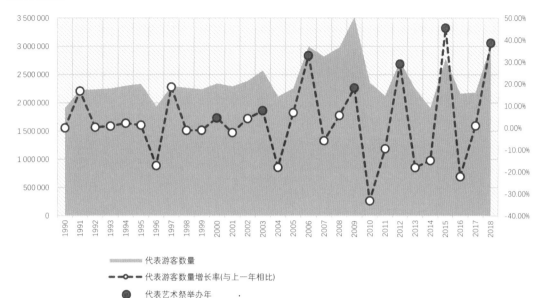

图4.6　地区旅游人数及其增长率(1990–2018)

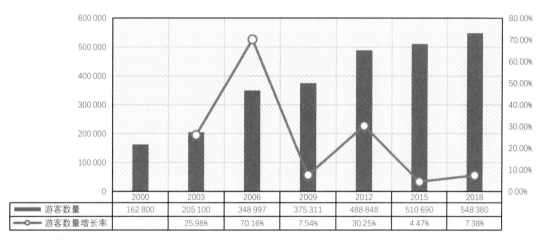

	2000	2003	2006	2009	2012	2015	2018
游客数量	162 800	205 100	348 997	375 311	488 848	510 690	548 380
游客数量增长率		25.98%	70.16%	7.54%	30.25%	4.47%	7.38%

图4.7　游客数量变化(2000–2018年)

此外，在促进当地经济发展、增加人均收入方面，越后妻有地区人均收入的年变化与主办年份之间存在正相关关系(见图4.8)。其中，收入最大年增长率出现在2015年，考虑到文化传播的滞后性，显然是游客增加和经济发展的双重功效带来了收入的大幅增加。这些数据，均反映出大地艺术祭的举办对人均收入有着显著影响。

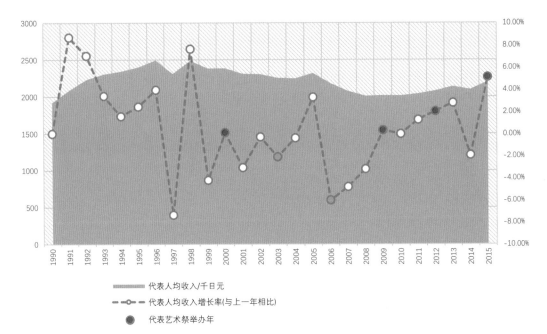

图4.8　地区人均收入及其增长率(1990–2015)

大地艺术祭作为驱动型、可持续型艺术展览展示活动，越来越受到人们的关注。它不仅为当地旅游业带来新机遇，也对各个行业的发展和提升产生了积极影响。

越后妻有的成功，展示了艺术介入商业空间的应用的巨大潜力，是空间和空间之间达到和谐的成功模式的经验。这种将艺术共生的概念带入一整个城镇，撑起人与自然、历史和艺术的多元共存局面的发展道路，是我们当下发展过程中可以深入借鉴的。

第二节　多扎：色彩缤纷的壁画庆典

如何将传统壁画变成一个城镇的名片，按照传统思维方式就是要加大宣传。但是怎样宣传才能展现出城镇传统的文化底蕴呢？或许多扎的处理方法可以给我们带来启示。

多扎是一个美丽的山顶村庄，位于意大利波洛尼亚郊外连绵起伏的丘陵和一望无际的葡萄园之间，有"意大利最美小镇"的称号，这里的整体格局呈纺锤状，基本上完好保存了中世纪的小镇格局(见图4.9)。

举办于多扎的"壁画双年展"始于20世纪60年代，它是一个真正的露天艺术博物馆，在墙面、窗户周围、大门、商店，到处都展示着由世界各地艺术家制作的壁画与浮雕，随时可供参观，无须开放时间或门票。彩绘墙通过与古老中世纪村庄的气味和周围宜人的丘陵景观密切共生，描绘了多扎悠久的历史与浓郁的艺术氛围(见图4.10)。

图4.9　意大利多扎小镇

图4.10　多扎的墙绘

作为多扎小镇重要的艺术节日，壁画双年展展示了当代和现代艺术，几十年来塑造了多扎的形象，使古老的中世纪城镇成为一个创新且不断发展的艺术中心。这是一个使用多扎古老外墙作为画布的当代艺术节，房屋、拱门、教堂、门廊、街道和广场，到处都在展现着当代艺术作品(见图4.11)，艺术介入小镇，使其成为一个令人难以忘记的露天艺术画廊。

图4.11　多扎的房屋外展现的艺术作品

　　关于多扎的壁画艺术，可追溯到1126年中世纪城镇中的街头艺术，以其罗卡(堡垒)和风景如画的历史中心(博尔戈)的彩色壁画而闻名。在壁画双年展期间，世界各地的艺术家以透视画法、错视画法和其他壁画技术为基础，绘制壁画，让艺术成为城市景观，装饰房屋、街道和广场的墙壁，风格各异，色彩缤纷(见图4.12)。

图4.12　多扎的街头艺术

多扎的艺术介入城镇发展之路其实是建立在深厚的固有艺术资源基础之上的，这一点与前文提到的我国的越剧小镇有相似之处。不同之处在于，壁画本身就是视觉艺术，能给人带来的冲击力相对比较强，而且壁画这种形式的受众更加广泛。因此，我们在学习借鉴多扎的艺术介入城镇发展的成功经验时，要格外注意本地原有的文化资源，同时理性看待市场需求和内需增长潜力。

第三节　阿维尼翁：大众共享的艺术庆典

阿维尼翁坐落于法国南部的普罗旺斯，自然环境极其优美，罗纳河水在小镇静静地流淌了千百万年，诉说着古镇的传奇。

1947年，法国逐渐从"二战"的阴影中走出，社会各界都在努力，满怀希望地投身于各种事业，努力修复战争带来的创伤。为此，法国戏剧导演让·维拉尔在阿维尼翁创立了戏剧节，从此法国高雅的戏剧艺术走出了殿堂，走向了大众的内心深处。[1]如今，阿维尼翁戏剧节已成为当代表演艺术中最重要的国际盛会之一(见图4.13)。

图4.13　阿维尼翁戏剧节盛况

1947年，维拉尔应《艺术手册》主编泽尔沃的邀请，尝试举办了阿维尼翁戏剧艺术周活动，该活动持续了七天，组织了三场戏剧演出，这场活动大获成功，也让人们感受到了戏剧的魅力。由此之后，阿维尼翁的土地上开始了一次次活动，戏剧被搬出了剧场，在城

---

[1] 王倩. 论戏剧节与小镇文艺复兴——以乌镇戏剧节与阿维尼翁戏剧节为例[J]. 戏剧文，2019(2)：50-54.

市中、田野间，突破了时间的限制，在白天、在夜晚，何时何地都能与观众共享。在维拉尔的不断坚持和努力下，终于形成了一年一度的戏剧盛会，也让阿维尼翁艺术节成为传奇。七十多年来，几乎所有的戏剧明星都曾在此表演，阿维尼翁已成为戏剧艺术发展的"见证人"，也成为流行戏剧理念的先锋。

1971年，让·维拉尔离开了人世，虽然他未能看到如今阿维尼翁戏剧节的盛大场面，但他留下的精神和文化依然在阿维尼翁的土地上，并且随着戏剧节发展的脚步传到世界各地。"大众戏剧"的概念深入人心，人们感受着他带来的"艺术为人人"的观念，在阿维尼翁这个古老的城镇中体会纯粹的戏剧艺术的魅力。戏剧在阿维尼翁似乎逐渐变成了一项"公共事业"，成为人们心目中不可缺失的一部分。

每年7月，阿维尼翁都会成为一个戏剧小镇，将其建筑遗产转化为各种雄伟而令人惊叹的表演场所，并欢迎数以万计的戏剧爱好者。这里汇聚了来自世界各地的戏剧、舞蹈、视觉艺术和音乐作品(见图4.14)，是主流观众和国际创意之间成功的原创联盟。

图4.14　阿维尼翁戏剧节中的表演

"阿维尼翁"也是一种心态，这个小镇是一个露天论坛。戏剧节的每一部分都在艺术家的帮助下进行整合，共同绘制出一个艺术领域。除了他们自身的创作外，他们的探究、实践和热情也激发了整个活动计划。他们的作品在艺术节上展出，一场场表演、阅读、展览、电影和讨论，为这些艺术家提供了与世界艺术交流的门户。观众也可以在这里谈论表演并分享他们的经历。在一个月的时间里，他们可以交流当下最流行的艺术与文化。

戏剧节由多个单元组成，除传统的戏剧、舞蹈、音乐表演以外，还包括阅读、展览、电影放映、会议和辩论等活动，在将近20多个户外遗址改造成的风景优美的空间内，研究人员、哲学家、活动家与艺术家进行思想研讨会，使戏剧节成为思想和发现的庆典。戏剧节期间的每天晚上，都会举行一场或多场戏剧节目的"首演"，这让阿维尼翁成为艺术家和观众的真正创作和"冒险"之地(见图4.15)。

图4.15　阿维尼翁戏剧节中艺术家的创新作品

据报道，每一届戏剧节都会呈现约50场不同的表演，提供约110 000张付费节目门票和30 000张免费节目、辩论、会议、阅读的门票……其观众大约38%来自阿维尼翁地区，28%来自法兰西岛，23%来自法国其他地区，11%来自世界其他国家和地区。近年来，戏剧节在文化、旅游生态系统内为区域产生的经济效益估计为1000亿欧元，极大地推动了当地文化的传播和经济的发展(见表4.1、表4.2)。

表 4.1　戏剧艺术为阿维尼翁带来的优势与机会

优势	机会
· 提升了城市的国际知名度 · 拥有世界知名的戏剧节，吸引大量国外的游客 · 古建筑成为世界公认的遗产 · 吸引了大量表演艺术行业专业人士 · 所处地理位置成为交通枢纽	· 周边人口超过30万人，可加大宣传以吸引更多人参与 · 文化活动吸引了大量财政资源，使该地区人民受益，可考虑将活动发展壮大，甚至全年持续组织各类艺术活动 · 可开发附近景点，以及丰富的文化产品 · 可开发高端旅游业，增加游客消费

表4.2 戏剧艺术为阿维尼翁带来的整体性影响

阿维尼翁(Avignon)城市基本信息

人口	阿维尼翁市内人口：92 454人(2006年) 阿维尼翁及周边地区人口：269 828人(1999—2006年增长8%) 沃克吕兹省人口：499 685人 阿维尼翁市的人口占沃克吕兹省总人口的18.5%
面积	阿维尼翁市区：65平方千米 阿维尼翁及其周边地区(阿维尼翁聚集区)：565.95平方千米
城市范围	阿维尼翁的辐射范围包括3个省的26个市镇/区： 沃克吕兹省：阿维尼翁、阿尔坦莱帕卢德、贝达里德、昂特雷格-拉索尔格、莫里埃勒-莱-阿维尼翁、勒邦特、索尔格、韦代讷等 加尔省：莱桑格勒、维勒讷夫莱阿维尼等 罗讷河口省：巴尔本塔纳、夏特劳那尔、罗尼奥纳斯等
经济活力	阿维尼翁作为沃克吕兹省的经济中心，自2001年1月1日起，该地区大力推动经济发展 经济结构密集，以中小企业为主(拥有7000家企业、1550个协会、1764家商店和1305家供应商) 在阿维尼翁的人口聚集区内，每年的就业率增长达到了全国平均水平的3倍
重要旅游数据	阿维尼翁极具吸引力，每年会招待400万游客，其中： 在接待法国游客方面，全国排名第一(市场份额12.5%) 在接待外国游客方面，全国排名第二(市场份额14.8%，仅次于巴黎) 水上旅游项目和商务旅游的发展自2009年增长15% 对阿维尼翁来说，旅游和文化项目是一项重要且密不可分的经济资产，该地区每六个就业岗位中就有一个与旅游业相关
文化领域	影响力：阿维尼翁歌剧节在全球享有盛誉，这意味着该城市已经在欧洲表演艺术市场留下了自己深深的烙印 戏剧团体：拥有19个常设剧团、一个歌剧院，以及各类常设剧院。 文化遗产：150座列入名录的建筑，13个博物馆 艺术组织：拥有知名的音乐学院、艺术学校和140个受资助的文化协会
教育	阿维尼翁大学：拥有7500名学生，其中8%的学生主修艺术领域相关专业 ISTS：一所专业的表演艺术高等学院 阿维尼翁高等艺术学校(涵盖设计、文物保护和修复领域) 其他戏剧、舞蹈和音乐类艺术学校

对于阿维尼翁地区未来整体的可持续性发展方面，戏剧节也扮演了重要的角色。官方数据显示，戏剧节享有国际声誉，每年可以吸引高达10%的国外游客。在文化要素的拓展和影响力方面，阿维尼翁戏剧节凭借享誉世界的影响力，让这座城市在欧洲的表演艺术市场上留下了深刻的印记。

阿维尼翁戏剧节更深层次地理解和阐释了观众群体与作为"公共服务"的戏剧意识形态之间的联系，与其他文化形式一样，阿维尼翁戏剧节是一种从未真正稳定过的强加定义和前所未有的承诺的组合。这种特殊的形式是我们在以艺术介入城镇发展过程中需要注意并巧妙借鉴的。

第四节 维也纳："音乐之城"里的夏季音乐节

近几十年来，后现代时代引领新文化方向，对社会文化转型产生了强烈的影响。音乐节迅速在由此产生的音乐美学变化和多元化中扮演了中介角色：它们摆脱了审美"自给自足"，并提供了"不同的品位文化"，避免某些艺术音乐的精英主义，并且培养了新的观众。

在世界音乐之都奥地利维也纳，政府每年都会出资与维也纳音乐大学合作，举办维也纳音乐艺术节，而仲夏夜音乐会就是其中一个重要的音乐活动。每年5月，维也纳市政厅前的空间都会变成节日的户外音乐场所，为维也纳人和无数游客提供聆听世界上最著名的古典音乐作品和观看戏剧和歌剧表演的空间。音乐节旨在将维也纳打造为文化大都市，是繁忙的奥地利活动日历中的固定"曲目"。

仲夏夜音乐会每年吸引超过180 000名游客，涵盖从舞蹈、音乐、美术、艺术装置到戏剧表演，以及一切全新的艺术形式，这些活动分布在多个场所，为到访的游人提供适合自己口味的艺术呈现形式，增加了观众参与活动的积极性，在夏季为维也纳的文化生活增添了色彩(见图4.16～图4.18)。

图4.16 维也纳音乐节大型音乐会

图4.17　维也纳音乐节歌剧表演

图4.18　维也纳音乐节合奏演出

2016年，维也纳仲夏夜音乐会开始尝试在欧洲其他城市户外转播现场盛况，这种形式迅速提升了仲夏夜音乐会的知名度，让世界各地的人有了足不出户就可以欣赏维也纳的音乐魅力的机会。

调查研究显示，同样作为艺术圣地，维也纳的观众参与各项活动的积极性明显高于巴黎和华沙等地(见图4.19)。

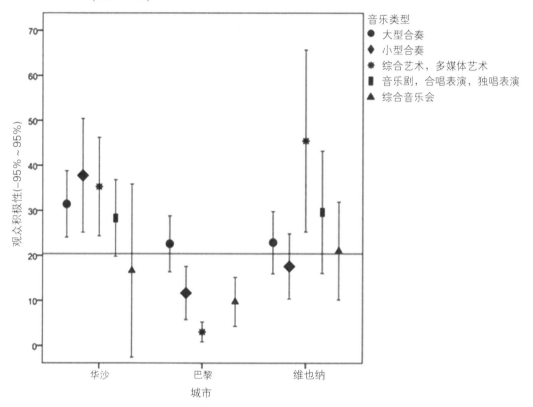

音乐类型
- ● 大型合奏
- ◆ 小型合奏
- ✳ 综合艺术，多媒体艺术
- ▪ 音乐剧，合唱表演，独唱表演
- ▲ 综合音乐会

图4.19 各城市艺术节活动中观众参与的积极性

在艺术介入当地文化发展、吸引和调动当地参与度方面，三个城市都吸引了大部分当地观众(见图4.20)，他们占观众总数超过90%，大约5%的观众来自该国其他地区，不到5%的观众来自国外，这再次证明艺术活动的介入和举办，对当地的社会、人文生态等各个方面的发展起到了积极的促进作用。

音乐节应当被视为一个跨学科的艺术节，一个多学科艺术创作的场所。但立足于维也纳这座城市，作为"奥地利生存意愿的展示"，该节日旨在向世界证明，这座饱受战争蹂躏的城市能够从事文化活动。毫无疑问，今天的维也纳音乐节完美地完成了致敬艺术与复兴城市的双重任务，它已发展成为一项创新的国际盛会，维也纳也已成为无可争议的文化大都市。

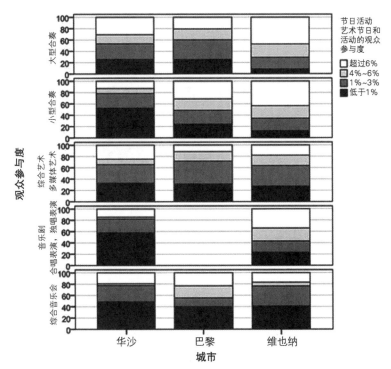

图4.20　各城市艺术节活动中观众的参与度

第五节　卡塞尔：基于特定站点的"100 天的博物馆"

德国卡塞尔文献展被公认为是当代艺术的风向标，它预示着艺术的发展前途。它与威尼斯双年展、巴塞尔国际艺术博览会，以及德国明斯特国际雕塑展并称为艺术界的重要活动。卡塞尔文献展的发展历程恰好是对社会变革和艺术管理思潮涌现的反映，而如今它依然给人们带来许多惊喜。

从某种角度来看，与其说卡塞尔文献展是一项艺术活动，不如说这是一次艺术对人类的治愈，是一次艺术介入的莫大成功。

"二战"后，德国作为战败国，面临政治、经济、社会等各方面的困难，一切都在艰难中复苏。而战争也给人民造成巨大的身体伤害和心理创伤，面对这样的环境，人们更需要精神支柱，来坚定信心，克服困难，保持积极的心态。

卡塞尔是"二战"中的一处重要战场，在炮火的轰炸下，城市瘫痪，到处都是废墟，灰色是整座城市的主色调。在炮火中，当地约70%的住宅和工业设施被破坏(见图4.21)，无数人丧生。因此，战后的卡塞尔亟待重建和复兴，也期待能吸引更多的投资。

图4.21　"二战"后的卡塞尔

　　1955年，第三届德国联邦园艺博览会在卡塞尔举办(见图4.22)，开幕当天，万花齐放、霓虹灯闪烁，让人流连忘返。这次活动对卡塞尔而言意义重大，艺术家阿尔诺德•博德产生了在这里建立一个"20世纪西方艺术"圈子的创意，卡塞尔文献展由此诞生。

图4.22　卡塞尔园艺博览会

卡塞尔文献展为当代艺术展览，每五年举办一次，每次文献展都有100天的展览期限，因此被称为"100天的博物馆"(见图4.23)。

图4.23　卡塞尔文献展(1955年)

阿尔诺德·博德努力让德国在"二战"结束后重新与世界其他地区对话，并通过"展示20世纪艺术"连接国际艺术界。他创立了"20世纪西方艺术协会"，展示德国从未见过的古典现代主义作品。第一次文献展是对表现主义、立体主义、未来主义，以及杰出的个人主义者如巴勃罗·毕加索、马克斯·恩斯特、汉斯·阿尔普、亨利·马蒂斯、瓦西里·康定斯基和亨利·摩尔的作品的回顾。

随着时间的推移，卡塞尔文献展的名气逐渐从曾经战火纷飞的小城走到了全世界，每一届文献展都在"将国际艺术话语带向新方向"方面发挥了主导作用(见表4.3)。在过去的几十年里，这个"100天的博物馆"吸引了国际艺术界的关注，围绕每场文献展的讨论和动态反映拉高了社会对艺术的期望。

表 4.3　卡塞尔文献展年表

届数	展览时间	展览地点	参展艺术家 / 人	参观人员 / 人次
第一届	1955.7.16-9.18	弗里德利希阿鲁门博物馆	148	130 000
第二届	1959.7.11-10.11	弗里德利希阿鲁门博物馆，桔园宫，贝尔维尤城堡	339	134 000
第三届	1964.6.28-10.6	弗里德利希阿鲁门博物馆，桔园宫，旧画廊，国家应用艺术学校	353	200 000
第四届	1968.6.27-10.6	弗里德利希阿鲁门博物馆，桔园宫，Karlsaue公园，Schönen Aussicht画廊	150	207 000
第五届	1972.6.30-10.8	弗里德利希阿鲁门博物馆，新画廊，弗里德里希广场	222	220 000
第六届	1977.6.24-10.2	弗里德利希阿鲁门博物馆，新画廊，Karlsaue公园	623	355 000
第七届	1982.6.19-9.28	弗里德利希阿鲁门博物馆，新画廊，Karlsaue公园	182	387 381
第八届	1987.6.12-9.20	弗里德利希阿鲁门博物馆，桔园宫，卡塞尔城市中心，Karlsaue公园等	317	486 811
第九届	1992.6.13-9.20	弗里德利希阿鲁门博物馆，文献展厅，桔园宫，卡塞尔城市中心，新画廊，Karlsaue公园等	195	615 640
第十届	1997.6.21-9.28	弗里德里希广场，弗里德利希阿鲁门博物馆，桔园宫，Karlsaue公园等	138	628 776
第十一届	2002.6.8-9.15	弗里德利希阿鲁门博物馆，文献展厅，文化火车站，桔园宫，卡塞尔城市中心等	117	650 924
第十二届	2007.6.12-9.23	弗里德利希阿鲁门博物馆，文献展厅，新画廊等	119	750 584
第十三届	2012.6.9-9.16	弗里德利希阿鲁门博物馆，新画廊，桔园宫等	194	904 992
第十四届	2017.4.8-9.17	分布在雅典和卡塞尔103处历史名胜	163	1 230 500

　　随着时代的发展，卡塞尔文献展的焦点也从关注当代艺术，逐渐扩展到关注现实问题，包括人权、种族歧视、环境污染等。作品也从仅有欧洲艺术家的作品逐渐扩充，涵盖了美洲、非洲和亚洲艺术家的作品(见图4.24)。

图4.24 卡塞尔文献展资料图

1972年的文献展,以"质疑现实——当今的绘画世界"为主题,通过极简主义和概念艺术,从根本上重新定义了可以被视为艺术的东西,这标志着公众接受这些风格的转折点(见图4.25)。1987年的文献展,标志着设计提升到艺术领域的另一个重要转变,展示了对后现代设计的开放态度。此次文献展中,还围绕移民、城市化和后殖民体验等主题组织展览,纪实摄影、电影和视频,以及来自偏远地区的作品成为焦点。

许多人认为,文献展自第8届开始更为关注社会问题而不是纯粹的艺术问题,有人称第8届文献展是"在历史和社会中开启一个窗口"。到了第9~11届,文献展越来越广泛地关注社会、政治、全球问题。

进入21世纪,文献展更为关注的是对现实的思考,比如第13届文献展,就将关注点放在当时处在战火之中的阿富汗地区,战火和政治问题引起了人们对难民的深入关注。这届文献展致力于让人们看到那些现实问题,看到大量出逃的难民,看到世界上一个满目疮痍的地区。

图4.25　卡塞尔文献展的作品

如今，作为"迁徙美学"的重要代表，文献展成为表达当代后殖民文化的关键动力，它展示了移民美学如何体现在重要的国际艺术展览中。

如果把卡塞尔作为一个案例来进行分析，那么它其实是一个非常复杂的研究对象。首先，卡塞尔的发展路径背后隐藏着艺术共生、艺术治愈等很多重要的艺术概念，并且蕴含着人们对移民与种族、战争与历史、国际局势、人与生态等各种现实问题的思考，卡塞尔本身也具有极其丰富的文化底蕴，同时又蕴含着极大的活性。"二战"这样的特殊历史背景、欧洲的个性化地理因素等都具有一定的不可复制性，卡塞尔本身的成果与这些因素之间的关系是不可分割的，从某种意义上说，卡塞尔的今天，不仅仅是艺术介入的成果，也是历史特殊时期的产物。在借鉴卡塞尔发展经验的过程中，要清晰认知这一点，才能更好地理清定位，制定合适的发展路径。

第六节　国外艺术介入城镇发展案例的启示

通过本章介绍的几个具有代表性的国外艺术介入城镇发展的成熟案例可以发现，国外艺术介入城镇发展的历史悠久，具有成熟的机制和组织架构体系，是值得我们借鉴、学习和思考的。

通过案例分析，我们可以总结得出，国外在艺术介入城镇中的积极探索是基于寻求城镇整体创新的基础上进行的，利用艺术改善和加强城镇"生态环境"，而这种探索不会以私人牟利或公共组织无偿服务为限制。人们提倡和推动"艺术影响城镇"，这种影响突破了传统观念下经济、社会、工厂等给城镇带来的显性影响。艺术介入城镇，以一种整合和组合的方式构建大"社区"概念，这里的人们跨越种族、地区、城市，倡导开放性和包容性。

一、艺术介入城镇发展带来的机遇

(一) 艺术介入可以增加社会凝聚力

如今，介入城镇发展的艺术项目虽然种类繁多，但归根结底都是把艺术作为人类或物质发展工具的一种尝试。艺术作为一种普遍的人类表达形式，能跨越语言、文化和社会背景的差异，触动人们的心灵和情感。艺术介入增加社会凝聚力主要体现在如下几个方面。

第一，艺术介入城镇，可以创造独特的艺术场所空间，把人聚集起来，从事带有艺术鉴赏性、建设性的社会活动。

第二，艺术介入可以培养参与者之间的信任，提供一种集体效能和公民参与的体验，激励参与者进一步的集体行动。

第三，艺术活动从某种层面上可以增加城镇居民的自豪感，加强城镇居民之间的联系。

第四，为艺术参与者提供学习机会，提升人际交往能力，扩大个人社交网络。

(二) 艺术介入可推动城镇经济发展

艺术介入对城镇经济发展具有积极的影响，为城镇经济的可持续发展注入新的活力。因此，在城镇发展中，应重视艺术的作用，积极推动艺术与经济的融合发展。艺术介入推动城镇经济发展，具体体现在如下几方面。

第一，艺术可促进城镇的文化产业发展，提升城镇形象，从而吸引众多游客。游客因参与艺术活动或艺术事件而延长在城镇内的停留时间，增加城镇内的周边配套消费，为当地经济带来繁荣。

第二，艺术介入可吸引优质居民和企业入驻城镇。艺术事件或艺术活动普遍发挥的作用便是吸引外来居民的居住和企业的投资，改善城镇形象，吸引高质量技术人才的到来。这些人才的聚集也会带动相关产业的发展，如艺术品销售、文化创意产业等。

第三，艺术介入可以使城镇依靠艺术的力量吸引投资。城镇通过创造具有吸引力的艺术环境、展示当地艺术特色、建立良好的投资环境等方式可吸引更多的艺术投资，促进当地经济的发展。

(三) 艺术介入对城镇居民个人发展有益

通过现代科学研究发现，艺术对个人可以产生以下几方面的影响。

第一，参与艺术活动有助于个人身体健康。参与艺术活动，可以释放人们身体的压力，改善身体状况。

第二，参与艺术事件或艺术活动有助于心理健康。参加艺术活动可以放松身心、缓解压力，提高个人的幸福感。此外，参与艺术活动可以提高人的审美能力和文化素养，还可以促进社会交流。

第三，参与艺术事件或艺术活动有助于提高技能、文化内涵和创造力。通过参加艺术活动，人们可以获得一些新的知识或文化内容。研究表明，直接参与创作或组织艺术活动的个人，可能会学到他们以前没有掌握的技能，表现出更大的创造力。

二、艺术介入城镇发展引发的思考

西方国家是依靠社会组织构建起来的，所以需要依靠艺术作为黏合剂、催化剂。如今中国的小城镇也开始向城市化发展，原有的依靠乡土模式构建起人与社会的关系的结构模式逐步淡化，因此艺术作为黏合剂、催化剂的这种模式也需要在中国城镇中推广。但这种推广要结合实际情况，并且明确发展方向。

从根本上说，艺术介入城镇不是一个被动的或强加的行为，而是基于城镇社会的历史情境性和目标对象的文化主体性达成一种契合，是一个开放式启蒙与共生化建构并行不悖的过程。[1]像多扎、维也纳这样的城镇，艺术介入成功的背后是当地千百年来的历史积淀；而越后妻有、卡塞尔的成果则建立在艺术家们对当地居民的处境和需求的深切思考之上。因此，艺术工作者或者城镇建设者在将艺术介入城镇发展的工作过程中，应该秉承贴近实际、贴近生活、贴近群众的态度，以城镇的居民和实际文旅消费者为真正的接受主体，展开设计和规划。

同时，这种推广一定是因地制宜的，不能是全盘拿来的，国外的经验再好，也一定不能完全和直接作用于国内的城镇建设。以越后妻有案例来说，位于中国香港西贡的盐田梓就曾经学习过越后妻有等日本艺术节的发展经验。盐田梓没有完全照搬日本的艺术节，虽然学习了越后妻有的"空屋计划"，但与越后妻有最大的区别在于，它不追求知名艺术家的作品所带来的知名度，反而是关注原真性的东西，聚焦于居民的需求和表达，这不仅为当地的老年人带来了可做的事情，也吸引了外流的年轻劳动力回流。虽然说盐田梓没有达成越后妻有那样的国际知名度，但成功促成了当地的文化复兴和人才回流，对于解决老龄化的现实问题有极大的帮助。

由此可见，在学习和借鉴外国经验的时候，应该思考清楚城镇想要的是什么，然后基于地区自身的需求选择要吸收和借鉴的案例和经验，再因地制宜，制定清晰明确的发展计划。

---

[1] 王孟图. 新时代艺术介入乡村建设的焦点问题[J]. 艺术管理(中英文)，2022(3)：110-115.

第五章

一镇千面，特色生长：
艺术介入城镇的发展趋势

前面几章通过国内外的典型案例呈现了在文旅融合背景下，我国城镇化进程中艺术的有效介入给城镇发展带来的诸多机遇，但现实中的发展状况却并不乐观。我国的传统村落数量逐渐减少，据统计，传统村落现存数量仅仅只有全国乡村数量的1.9%，还有减少趋势。各种村落和古镇在发展过程中不断面临城市扩张和乡村自身人才流失与基础设施不完善的问题，空心化、老龄化日益严重，大量青壮年的离开导致产业发展迟滞，同时文化发展水平不足，加上社会关注不够，整体的保护意识依然不能满足保护需要，很多宝贵的资源和财富受到了伤害，传统住宅被暴力拆除、传统生活方式被机械取代、传统民俗无人问津、地域文化的归属感丧失……诸多问题都亟待解决。

这些问题导致当地发展不仅没有进步，还被破坏了美感。因此，如何对传统的古镇、古村进行恢复成为当下的重要课题。毋庸置疑，古镇、古村落的修复一定要以修旧如旧为基础，也就是说要保证传统的文化气质，保留古香古色的环境，再将现代更为方便、舒适的生活方式融入古镇、古村落之中。目前，对于这些传统的古镇、古村落，国家是大力扶持的，"美丽中国"建设就是希望将生态美学与乡村建设结合在一起，实现人与自然的和谐共处。而人与自然和谐共处的模式可以分为十类：产业发展型模式、生态保护型模式、城郊集约型模式、社会综治型模式、文化传承型模式、渔业开发型模式、草原牧场型模式、环境整治型模式、休闲旅游型模式及高效农业型模式。显然，这些模式大多还是以经济产业为导向的，以其中的休闲旅游型模式为例，依然有很多问题。比如，传统村落为了促进旅游业的发展，盲目追求经济效益，一方面进行过度商业化的破坏性开发，另一方面进行毫无自身特色的盲目借鉴，导致传统资源被破坏，而城镇发展也陷入"千镇一面"的同质化问题里，原有的特色和积淀不断消失，固化的商业模式不断侵袭真正宝贵的精神财富。

党的十九大提出实施乡村振兴战略，并指出解决好"三农"问题是关系国计民生的根本性问题和全党工作的重中之重，而乡村文化与旅游业的融合能在一定程度上有效解决农业、农村、农民问题。2021年指导"三农"工作的中央一号文件指明要加大农村地区文化遗产遗迹保护力度，构建现代乡村产业体系。[1]文化遗产的保护和文化产业的开发都是与艺术息息相关的问题，也都需要艺术来介入解决。

在这样的背景下，艺术介入能够为这些地方的建设提供更加柔和和富有人情味的新思路与新方法。国内成功案例已经证明，艺术介入在推动我国城镇向可持续、多样、智慧、和谐方向发展方面能够发挥重要作用。而在国际范围内，无论是欧洲还是东亚，都有成功案例表明艺术介入在增强社区凝聚力、推动城镇经济发展，乃至促进居民个人发展等方面都显示出强有力的促进作用。

在中国特色社会主义城镇发展的进程中，艺术介入可以继承和发扬中国城镇本土文化，融合城镇现代建设的特点，形成新的发展模式。艺术介入城镇发展，融合本土文化，将艺术与本土文化相结合，整合资源优势，挖掘内在潜力与市场空间，全方位展现多姿多彩、有声有色的艺术城镇风貌。过程中，使城镇回归"山水相见"，实现"留住乡愁"的美好愿景，通过强化城镇自身品牌的优势，展示中华文化魅力的同时，深入体现中华文化的包容并蓄、源远流长，以其特有的文化价值和文化精神，促进以人为本的人文价值、文化传承的历史价值、融合自然的共存价值、和而不同的思想价值、实事求是的科学价值。[2]最终，全面提升大众文化素养，以艺术介入的方式促进中国特色社会主义精神文明建设。

第一节　凝练本土文化，艺术融合本土

从集体无意识来说，传统文化是一个民族共同生活的基础，只有展现本民族文化的特性，一个民族才能有凝聚力，因而世界文化才会具有多样性特征。从后现代主义思潮的角度来说，文化并没有所谓的中心，世界的文化是由散落的状态构成的，因此所谓的文化的发展应该建立在自身的基础之上，也就是要先认识自身，然后才能实现艺术的创新。而中国又是多民族国家，不同地域的文化差距很大，所以所谓的民族文化就是中国各地方文化的总和，那么文化创新也就需要因地制宜。

相关学者根据实地调研和数据分析，对我国因地制宜的城镇化多元发展提出过多种方案，比如中国东部地区以旅游化驱动新型城镇化发展模式为主导，可充分发挥旅游产业优势，提高居民收入，缩小城乡差距，促进新型城镇化的建设；东北地区则以新型城镇化驱动旅游化发展模式为主导，可借助较高的新型城镇化水平加大旅游资源开发力度和旅游投资，大力发展旅游产业；西部地区新型城镇化与旅游化的相互驱动效应较弱，可因地制

[1] 石大英.乡村振兴背景下乡村文化旅游的财税政策研究[J].当代农村财经，2023(2)：39-42.

[2] 任致远.略论小城镇特色及其文化价值[J].小城镇建设，2021，39(7)：5-9.

宜，制定合理的区域发展战略，以促进新型城镇化与旅游化的共同发展。[1]由此可见，因地制宜，凝练本土文化的重要价值。

艺术介入城镇发展，需要在凝练本土文化的基础上，保持本土文化的现场感和艺术语言的原真性，将艺术与本土文化"嫁接"、融合，立足于传承中国传统文化，进行艺术语言及艺术形式的本土化转化，坚持文化自觉，增强文化自信。

一、凝练本土文化，坚持文化自觉

自觉是一种内在自我发现、外在自我创新的自我解放、自我发展意识。文化自觉是对自身文化的自我觉醒、自我认知、自我评价、自我反思和理性审视。文化自觉，主要是指一个国家、一个民族对自身文化的觉悟和觉醒，包括对自身文化在历史发展中的地位和作用的深刻认识，对文化发展规律的正确把握，对发展自身文化、历史责任的主动担当。文化自觉是一种内在的精神力量，是对文明进步的强烈向往和不懈追求，是推动文化繁荣发展的思想基础和先决条件。[2]在艺术介入城镇发展的过程中，文化自觉发挥着重要作用。因为文化自觉就是对自身文化的地位、认识和担当的高度自觉，坚持文化自觉才能更好地把握艺术在城镇发展过程中的地位，才能更清楚地认识艺术在促进城镇发展方面的作用，进而更好地承担让艺术介入城镇发展的责任，并在这个过程中进一步树立文化自信，形成良性循环。

也就是说，艺术家对城镇进行艺术创作和改造时，艺术作品最终呈现的不仅是艺术家个人的创作意图，还有当地的风土人情和居民对艺术的理解与看法，以及艺术家对艺术的社会功能的认知与判断。

（一）树立正确的文化价值导向

本土文化是文旅特色小镇规划与开发的原始资本，深度挖掘当地文化内涵是小镇旅游业可持续发展的核心主线。[3]

本土文化承载着独特的地方文化、乡愁记忆和人文思想，本土文化的影响往往来源于人们潜意识里对乡土的渴望。

本土文化还具有独特性，这种独特性与本土的土地息息相关，是不可以简单和机械复制的。"即使在最完满的艺术复制品中也缺少一种成分：艺术品的现时现地性，即它在问世地点的独一无二性，唯有这种独一无二性构成了艺术品的历史。艺术品的历史演化就由这种独一无二性决定，这里面不仅包含了由于时间交替，艺术品在其物理构造方面发生的

[1] 张广海，赵韦舒. 中国新型城镇化与旅游化互动效应及其空间差异[J]. 经济地理，2017，37(1)：7.

[2] 云杉. 文化自觉 文化自信 文化自强[J]. 红旗文稿，2010 (15).

[3] 赵华. 旅游特色小镇创新开发探析[J]. 经济问题，2017(12)：104-107.

变化，而且也包含了艺术品与其中赖以存在的不同占有系统的更替。"[1]本土文化里所蕴含的一切时空和人文的因素，都是"根脉"一样的存在，它代表着人们对"家乡"的依赖。

艺术介入城镇发展也是如此，本土文化中的"根脉"基因是抹不去、忘不掉的，它在其他艺术形式介入的同时，影响艺术的"二次创作"。艺术介入城镇，不应只因某个艺术事件或艺术组织/团体的喜好，就在无意识中"自我生长""自由发挥"，而应该站在本土文化价值导向的、整个文化脉络发展与传承的历史整体格局中去审视、定位和开展艺术活动，立足艺术在城镇传统文化中的地位及价值，避免单向度的文化"入侵"导致边缘文化、"贫瘠艺术"的产生。例如，企业的介入可以带来巨大的资金支持，但是如果一味追求利益优先，不能正确看待介入的目的，那么有可能引发经济效益先于其他效益的问题，单方面侵占艺术成果或者破坏原有文化。这一点在前文的乌镇发展模式与"迪士尼化"的分析中已经阐释过。"以进步为名义，用烟雾的味道取代了橘林的芳香，用高速公路取代了双道小路，用汽车旅馆、购物中心和快餐厅取代了舒适的住宅。"[2]艺术家自发介入也需要正确的文化价值导向，如果无视当地的需求，一味自顾自地展示自己的创作理念，以自我实验的方式介入，那么也不利于实现良好的效果，有可能会导致活动失败或者短暂成功后的长久衰落。

（二）将艺术语言、艺术形式与本土文化相结合

艺术介入城镇发展，并非将成熟的艺术形式或体系在本土上进行直接挪移和复用。艺术语言、艺术形式与本土文化的结合，是一个系统的、完备的、艰苦的、带有探索性的课题，而不是元素、符号的简单叠加和堆砌。过程中，作为艺术的组织者/团体，应该明确艺术与本土文化结合的最终目的，基于此采用合适的方法进行结合和"演绎"。我国台湾地区土沟村的村民曾经在民间组织的带领下自发进行艺术改造，尝试改变他们生活的环境，后来，在台南艺术大学的帮助下，最终由理论指导实践，由原理结合民俗，由艺术家与村民合作，完成了一次非常成功的艺术介入，将艺术语言和当地文化进行了有效融合。

此外，艺术与本土文化的结合不应拘泥于艺术的构成形式，还应与自身本土的传统文化、习俗等相结合，避免和减少"感性"艺术形式的产生，确立长远的艺术介入计划。

（三）立足本土文化的"载体性"，完成传统文化语言、文化符号的界定和转换

本土文化的"载体性"强调和突出了艺术形式的"情节性"，以独特的审美形式完成艺术与本土文化融合所造就的"意味"形式的载体服务。它不以纯粹的审美形式为主题，而是将"载体"融入艺术本身。这个过程并非只是简单图像的呈现，也不是本土艺术图像

[1] [德]瓦尔特·本雅明. 机械复制时代的艺术作品[M]. 王才勇，译. 北京：中国城市出版社，2002：7-8.
[2] [英]艾伦·布里曼. 迪士尼风暴：商业的迪士尼化[M]. 乔江涛，译. 北京：中信出版社，2006：228.

符号的直译，而是在艺术与本土文化语言融合过程中，在界定传统与现代的基础上，"雕刻"和"打磨"带有"触觉"记忆的真实文化痕迹。本土文化语言的艺术性转换中，需要将传统文化的文化内涵、艺术语言形式和载体媒介进行融合，重新定义和解读本土文化，创造具有本土人文精神和本土文化特色的艺术，从而更好地补充和扩展中国传统文脉的广度和深度。

本土艺术语言、艺术符号的转换主要体现在触觉层面和视觉层面。在触觉层面，从心理机制出发，通过触觉体验重新打造本土文化符号的呈现方式；在视觉层面，从视觉机制出发，基于本土文化意识，进行文化符号意境的切换，从视觉上呈现本土文化表征，重塑本体文化的内在关联性。[1]

二、艺术融合本土，增强文化自信

当下，城镇可持续发展是国家新型城镇化发展战略的五大组成部分之一，包括以人为本、四化同步、优化布局、生态文明、文化传承等，这是新一轮新型城镇化进入高质量发展阶段的必然要求。[2]党的二十大报告指出，全面建设社会主义现代化国家，必须坚持中国特色社会主义文化发展道路，增强文化自信。文化自信事关国运兴衰、事关文化安全、事关民族精神独立性，是一个国家、一个民族发展中最基本、最深沉、最持久的力量。在文化自信背景下，各行各业都积极将传承、保护中华优秀传统文化，繁荣发展文化事业、文化产业作为发展的指导思想。[3]

承载吴越文化的江南古镇与传统艺术、现代艺术的结合，是当下对文化古镇和艺术产业的重新定位与创新性整合，走出了一条新型城镇可持续发展道路。着眼于文化古镇保护的同时，打造了"中国乌镇"多元化的文化艺术品牌。

首先，将代表乌镇传统文化的符号和标识设计成文创周边，让代表乌镇文化符号的产品可获得、可购买，有利于"中国乌镇"品牌的传播，同时利于打造集艺术与文化为一体的多元化品牌形象。其次，乌镇的传统建筑群本身就是一个传统文化和艺术的体验空间，是进行文化消费的重要场景，也是进入乌镇的旅行者沉浸式体验艺术的重要场域。最后，将文化体验与国际化的艺术节联结，是乌镇文化底蕴与乌镇风情的动态延伸，通过沉浸式感受吴越文化与举办国际艺术节，邀请公众与游客参与"中国乌镇"品牌的阐述与塑造。各类国际艺术节是对乌镇文化与数字资产的整合利用与集中展现。

将国际艺术节与乌镇传统文化相结合，不仅是对中国本土元素的简单理解和呈现，更重要的是通过艺术的媒介，彰显中国本土的文化自信。传递和表达本土文化内在的个性特

[1] 顾黎明. 如何把本土文化与当代艺术相结合[EB/OL]. [2022-10-23].

[2] 刘勇. 走可持续发展之路，推动新型城镇化高质量发展[J]. 中国发展观察，2022(8)：5-8.

[3] 夏平平，周可婕. 文化自信背景下工文旅融合发展的创新之路探索——以江苏省常熟市凤禧文化艺术中心为例[J]. 旅游纵览，2023(4)：139-141+148.

质与独有气质，才能使艺术在本土化的过程中受到大家的喜爱，赢得观众和游客的认可。此外，还要结合本土艺术的文化传统，植根于本土文化，寻求可"转译"的素材和"机会"，对本土文化进行创造性发展和创新性转化，推动本土文化对时代风貌的展现和对时代风气的引领。艺术需要扎根本土，彰显文化自信的鲜明特质，"讲好中国故事，弘扬中国精神"。

第二节　整合优势资源，挖掘潜在市场

城镇文化振兴是推进城镇化振兴和发展战略的重要基石。艺术介入城镇发展，可结合本土文化实际，探索并整合本土文化优势资源，着力打造本土文化艺术品牌，促进本土文化建设，扩大艺术介入本土文化发展的覆盖面，将厚植文化发展与城镇振兴、本土文化振兴结合起来，营造浓厚的本土艺术文化氛围，提升本土化视域下的城镇文明程度。

一、整合文化、艺术优势资源

随着社会、经济、文化的突飞猛进，中国本土文化产业集群和规模也在不断扩大，经济效益和社会价值日益提升，产生的影响也在逐渐扩大和持续，中国本土文化特有的文化资源特征和体系在整合资源优势方面的进展，已经成为促进中国城镇经济、文化、社会协同发展及转型升级的基础。以本土文化为载体，以艺术介入为媒介，发展本土文化创意产业，发挥本土文化产业内在典型性价值，结合市场，对外输出本土文化资源，对内提供高品质文化服务。利用本土文化艺术资源优势，构建文化传播的"孵化器"，重视本土文化产业，促进本土文化优势资源与艺术介入的融合及发展。

整合文化、艺术资源可以从以下两个方面切入。

第一，政府政策方面。相对产业经济而言，城乡可持续发展和区域经济存在更多的信息不对称性，因此更多地需要政府参与和引导，来确保经济正常运行并实现均衡、协调和可持续发展，政府在新一轮新型城镇化发展中的作用就更加重要。[1]地方政府汇集各方力量，积极贯彻国家政策，整合各方文化资源优势，打造具有代表性的本土文化产业集群，发挥艺术介入本土文化过程中的带动和引领作用，促进资源跨界、资源融合，做到本土优秀资源的多元发展，助推本土文化产业转型升级。具体的手段包括但不限于财政(转移支付)、税收(递减税收政策)、政策性金融(落后地区发展基金)和政府性投资(基础设施投资补贴)等，如乌镇的国土资源局、住房和城乡规划建设局自1998年起，不断发力，曾委托上海同济城市规划设计院、同济大学国家历史文化名城研究中心、杭州市城市规划设计研

---

[1] 刘勇.走可持续发展之路，推动新型城镇化高质量发展[J].中国发展观察，2022(8)：5-8.

究院等机构，引进戏剧节、木心美术馆等，邀请过无数各界人士参与活动。2015年，乌镇发展的"概念性总体规划"就已经完成了。陈向宏在谈到政府的作用时，表示过对政府协同性的认可。"旅游小镇的复杂整体性与政府的管控是长时间的融合。所谓政府的协同性，第一，政府要认可你的产品，政府要下决心，跟你一起赌明天的市场，我认为这是很重要的。第二，怎么确定我们的盈利模式、产品模式、管理模式，我认为这个问题跟资源同等重要。"[1]因此，党和政府更要继续加大积极协调资源的力度，推进艺术介入城镇的发展进程，而且政府和政策的干预效果是显著的，不仅能打造乌镇这样的案例，也能带动相对滞后地区的发展。以有传统旅游优势的湖南省为例，湖南省第十二次党代会和省"十四五"发展规划对标国家战略，立足湖南实际，均对实施全域旅游战略、建设世界知名旅游目的地进行了部署。湖南省委、省政府出台《关于加快建设世界旅游目的地的意见》，进一步明确了发展目标、重点任务和相关举措。[2]

第二，人才培养方面。重视优秀文化产业人才培养，坚持和注重创新，打破行业"界限"和"壁垒"，强调多元融合理念，促进专业人才能力与本土优秀文化产业的无缝衔接和跨界合作，壮大本土文化的产业规模，形成"专业+优势+特色"的发展新模式。当今，我国更加注重人才在促进社会建设中的作用和意义，人才作为一种特殊资源，在整合文化、艺术资源的过程中，是不可忽视的。党的二十大以来，我国深入实施人才强国战略，坚持尊重劳动、尊重知识、尊重人才、尊重创造，实施更加积极、更加开放、更加有效的人才政策，着力形成人才国际竞争的比较优势。深化人才发展体制机制改革，把各方面的优秀人才集聚到党和人民的事业中来。[3]

二、挖掘艺术介入潜在市场

艺术介入城镇发展，发展到一定程度和一定时期，会达到市场接受度的最大值。这种现象的产生原因并不是艺术已经把所在城镇的潜在市场"填满"，而是作为参与者的游览者已经对艺术介入形式形成"已知"的思维模式，对其消费和追求产生了瓶颈。而作为城镇发展主力的艺术产业，需要不断地挖掘潜在的消费热点，挖掘消费群体进行艺术消费的市场空间。特别是在艺术介入城镇发展日趋同质化的今天，艺术市场的潜在竞争力挖掘就显得格外重要。精准把握潜在市场方向，有利于在城镇化过程中形成独特的自身竞争优势，以艺术为媒介，形成具有自身艺术特点的市场竞争机制，成为艺术城镇潜在市场挖掘的重要任务之一。

---

[1] 文化旅游产业.陈向宏对话宋卫平：特色小镇应该这么做！[EB/OL]. [2022-08-19].

[2] 何绍辉.用好乡村文旅资源 助推乡村全面振兴[J]. 新湘评论，2022(18)：24-25.

[3] 《人民日报》评论员.用新的伟大奋斗创造新的伟业——论学习贯彻党的二十大精神[J]. 青海党的生活，2022(11)：63-64.

为此，可以从以下几个方面进行潜在市场的挖掘和探索。

　　第一，形成风格鲜明、类型多样的高质量发展道路。随着艺术介入城镇的发展，一大批同质化严重的建筑群应运而生，面对城镇化建设质量持续"走低"的现状，市场发展潜力和空间也在逐渐"缩水"。为此，应发扬艺术介入城镇发展中的自身特色，明确特色小镇的发展方向，鼓励和挖掘多种艺术介入形式，形成风格鲜明、类型多样的高质量发展道路。

　　第二，积极探索市场发展的多元化机制，拓展市场发展空间。艺术介入城镇，促进和推动城镇多元发展、纵深融合是未来艺术特色城镇发展的主流趋势。乌镇作为先行者，紧跟时代步伐，结合现代科技引入世界互联网大会，打造多向度、多维度的立体模式，探索和挖掘潜在市场的发展可能。此外，艺术介入乌镇发展，从艺术形式上涵盖了戏剧艺术、展览艺术等多个艺术门类，真正实现了古镇传统市场发展模式"从一到多"的质变过程。

　　第三，跨界融合，打造沉浸式"艺术+康养"模式，探索更多市场发展可能。如今，"沉浸式"理念发展得如火如荼，沉浸式的艺术体验吸引了无数人的关注和目光。将艺术沉浸式植入城镇化发展，与城镇本土文化相融合，使人们真切感受特色城镇带来的独特享受。此外，城镇康养越来越受到人们的关注，沉浸式"艺术+康养"发展模式突破了城镇文化产业转型发展的传统模式，跨界结合的思路将为可持续的经济和市场发展提供动力，形成新的城镇发展趋势。山东平阴玫瑰小镇就是一个非常生动的例子(见图5.1)，玫瑰小镇以当地特产的玫瑰作为基础，发展特色的艺术活动，促进旅游发展，以民俗和艺术融合的方式，带动了当地的经济、文化发展和生态文明建设，促进了生态、农业、旅游业等多产业的发展。它的一大特色就是沉浸式康体休闲度假，是城镇康养的一个经典案例。此外，本书主要分析的乌镇更是发展康养模式的典型案例。距离乌镇仅1.5km的乌镇国际康养生态产业园推行"旅游+养生养老+健康医疗+地产"的全新发展模式，建设了养生养老的专门场地，提供疗养休闲的专门服务，规划了居住区、颐乐学院、养老示范区、医疗公园、特色商业区和度假酒店六大板块，带动了相关的医疗、房地产、养老服务等产业的迅速发展，促进了当地经济发展。

　　第四，城镇特色产业先行，深耕城镇特色产业载体。市场潜力的发掘离不开城镇自身特色的加持，同时，自身特色也是艺术介入城镇发展的核心动力。特色产业的存在，为城镇的未来发展保驾护航。目前，从国内外成熟的特色城镇发展模式看，"康养特色""田园特色""文旅特色""科技特色"等特色产业可以为艺术介入城镇的市场发展提供有益借鉴和思考。以古镇为依托的丽江智慧小镇也是十分典型的案例，这里是十分著名的科创旅游小镇，有旅游科技产业作为支撑，打造Keyless生活方式，充分发挥"科技特色"产业的作用，以科技促进了当地旅游业的发展，进一步提升了整个城镇的发展水平。[1]

---

[1] 特色地产诸葛亮. 2022年特色小镇十大发展趋势[EB/OL]. [2022-11-15].

图5.1 山东平阴玫瑰小镇

艺术介入潜在市场的背后，隐藏的巨大福利绝不仅仅是简单的文旅价值的开发，还能够对促进人民的共同富裕做出贡献。

以浙江的整体发展为例，2021年浙江省的人均GDP为11万元，人均GDP和城乡居民收入分别连续21年和37年位居全国各省区第一名，浙江全省城乡居民收入的倍差仅为1.94万元，是全国差距最小的省份。[1]浙江省的发展能达到如此水平，其原因就是大力开展乡村振兴活动，将人与自然和谐共处作为经济发展的动力。[2]由此可见，开发潜在的市场资源以发挥艺术介入更大作用的同时，也调动了多种可能性，为城镇化发展、乡村振兴乃至社会整体发展提供了新的可能性。

第三节 强化品牌打造和推广，提升市场价值

品牌具有神秘的力量。在消费领域，"当消费者把这个名称与他们从产品或服务中获得的有形或无形利益联系在一起，这个名称就变成了一个品牌。这种联系越强，消费者在同等条件下就会有越高的忠实度，也就更加愿意支付额外费用。于是品牌名称的价值也就

[1] 如何理解二十大报告中的"共同富裕"——社科专家热议党的二十大精神(下)[J]. 浙江经济，2022(12)：6-10.

[2] 如何理解二十大报告中的"共同富裕"——社科专家热议党的二十大精神(上)[J]. 浙江经济，2022(11)：6-9.

由此产生。"[1]在艺术介入城镇发展领域也是同样的道理。在国内，提到平遥古镇就会联想到摄影节，说到乌镇就会想到戏剧节。而在国外，卡塞尔、威尼斯已然成为世界顶级双年展的代名词，日本的越后妻有被视为大地艺术的圣地，奥地利的维也纳则是当之无愧的音乐之都。这就是艺术与城镇深度融合形成的品牌效应。由此可见，品牌的塑造、运营和推广，有利于推动本土优秀文化资源创意产业和服务的发展，促进传统文化与当代艺术共生，提升产业融合的品质和发展空间。以品牌效应推动市场推广，能够突破既有文化产业发展模式，打破时间和空间限制，提升本土文化的发展价值。

一、艺术特色城镇品牌的打造

文化品牌在我国当代的城镇化发展和乡村振兴的道路上发挥着重要作用，建构文化品牌也逐渐成为艺术介入城镇的过程中的一个十分重要的因素。

艺术介入中国特色城镇品牌的打造虽然起步较晚，但发展势头强劲。如今，一些成熟的艺术特色城镇，如乌镇、平遥、大邑等，已经成为构建本土现代化市场体系和开放性经济发展模式的重要载体。尤其是乌镇的案例，桐乡市政府有"1 个大乌镇带动 16 个小乌镇"的发展规划，以一个乌镇作为基础，带动了全域旅游的蓬勃发展，促进了产业融合后的地区进步。这些成功的经验与模式在地方经济发展中的作用日益凸显。

艺术特色城镇品牌的打造可以从以下几个方面切入。

第一，立足本土文化内在生命力，打造中国城镇特色品牌。艺术特色城镇品牌的打造应该跳出艺术的本体限制，摆脱艺术门类的局限性，走出城镇的既定范畴，拓展城镇内其他行业与艺术的结合，在产业融合的过程中，寻找更大的价值发展空间和更强的价值发展势能，为城镇品牌注入长久的发展生命力和潜在发展动能，扩充城镇品牌的广度及深度。本书主要分析的乌镇案例十分有典型性，"乌镇"二字早就不再仅仅是一个小镇的名字，更像一个品牌，提到这个名字，就会让人想到无数联动的产业和许多有趣的活动。

第二，培植城镇品牌的驱动力，发挥产业联动效能。艺术特色城镇，强调的是特色，品牌打造初期，确定主导特色产业，深度培育，形成主导特色产业经济体，将特色主导产业做大、做强的同时，与区域优势产业相结合，发挥主导产业的联动和带头作用，发挥品牌效能，形成产业聚集群和生态产业圈。例如，湖南省侗族自治县有大量少数民族的非物质文化遗产，比如侗族建筑风雨桥、鼓楼等，都非常有名。但是，随着时代发展，这些非遗面临消失的危机。湖南大学设计学院院长何人可教授带领团队对当地的文化遗产资源从设计的角度进行分析，提炼出了非遗的设计元素并进行数字化、当代化、全球化、商品化，并设计了"梭说"这一侗锦的乡村品牌，从而让非物质文化遗产在社会、文化、环境、经济等各个层面可持续发展。多年来，侗族传统文化与全球进行文化交流，并与国际

[1] 余丁. 艺术管理学概论[M]. 北京：高等教育出版社，2008：234.

企业建立了合作关系，例如和奔驰合作推出侗族风格的汽车内饰产品，帮助侗族文化延续生命力，有了更广阔的市场空间。非遗工坊负责生产和粗加工，企业负责产品的精加工和销售，由此推动整个区域的发展。

第三，形成城镇品牌辐射力，增强品牌传播的外向度。基于城镇品牌的驱动力，打造和助推城镇品牌的辐射力，以市场为导向，充分理解和利用品牌资源的优势，以市场为导向，挖掘城镇品牌的内在潜力，将品牌效能与本土区域优势相结合，将品牌效益最大化。积极吸引游客，打造生活吸引力，提高消费力，将艺术、文化与生态有机结合，做到"产业""生态""文化"多方联动，增强品牌传播力和影响力，形成区域品牌联动发展机制。例如，景宁畲乡小镇充分利用自身发展资源进行建设，同时推广畲语、畲族服饰，带动了周边的畲乡滨江运动休闲景观带、西汇旅游度假村、汇龙游艇俱乐部等产业的发展，促进文化、产业、生态共同进步。

第四，构建线上品牌联动渠道，形成特色品牌产业链。信息时代，城镇特色品牌的打造逐渐成为品牌相关文化产业发展的重要前提。线上特色品牌可以打破传统媒介和时空的限制，实现产业链无障碍对接的同时，促进了本土特色文化产业与其他产业的融合发展。在此过程中，线上品牌可以充分发挥品牌流量优势，提高本土文化产业的市场价值，实现本土文化产业的创新性转化，形成特色产业链品牌，促进本土优势产业与文化产业的协同发展。例如，京东非遗频道曾经与湖南怀化京东云基地达成合作，以湘西非遗扶贫项目"乡home"为背景，承接线上店铺薪火非遗专营店，推广湘西非遗产品，形成了"电商+非遗+扶贫"的综合发展路径，不仅提升了当地线下旅游的人气，也促进了当地产品的线上销售。[1]

二、艺术特色城镇品牌的推广

艺术特色城镇品牌的宣传和推广，是本土文化品牌化的重要标志，而品牌又是艺术特色城镇展示自己的平台。以城镇品牌的力量推动本土文化面向市场，是促进和提升本土文化产业落地和发展的有效途径，也能促进城镇整个产业链条中的产业融合、产业转型，突出城镇品牌的引擎作用，促进产业经济的融合和发展，强化本土文化产业的结构性调整，推动人们对本土文化产业消费的升级，实现社会效益和经济效益的双赢。

具有艺术特色城镇的价值宣传十分重要。以乌镇为例，乌镇有自己的官方网站来推广自身旅游产品，并利用《中国历史文化民镇——乌镇史研究》《乌镇志》等资料文献、公众号和其他社交账号进行多方位宣传。同时，乌镇里的许多地方，如木心美术馆等，也都有自己的网站或者公众号。2003年，由黄磊、刘若英主演的《似水年华》在乌镇取景；2014年，《奔跑吧！兄弟》综艺节目在乌镇录制真人秀；2015年，由刘欢演唱，郎朗、吕思清伴奏的《从前慢》表现的是木心先生笔下的乌镇风光；2015 年，浙江广播电视集团

---

[1] 中国艺术头条.美丽乡村之十一：国外特色小镇五大发展模式比较[EB/OL]. [2022-11-16].

围绕乌镇出品了《乌镇》纪录片；2019年，《航拍中国》第二季的第一集就表现了乌镇的戏剧节……乌镇不断完善自身媒介形象，拓展自己的宣传渠道，多元的特色得到了多元的推广，让乌镇有了更好的品牌形象，也就能获得更多的效益。

艺术特色城镇品牌的推广可以从以下几个方面着手。

第一，为艺术特色城镇品牌提供多元化的宣传渠道。将特色城镇品牌与本土文化产业建立内在紧密联系，与本土文化相互促进、相互影响。以地方政府为依托，借助主流媒体等公共宣传渠道，完善线下展销渠道，实现城镇品牌的深入、广泛宣传。此外，借助互联网平台，充分开展与第三方平台的合作，通过专题宣传板块和推广平台提高特色城镇品牌的影响力，线上与线下相结合，构建多元化的、综合性的城镇品牌宣传体系。

第二，发挥城镇品牌效能，形成产业集群效应。对城镇品牌的扶持应立足全方位、有重点的理念，促进艺术与本土文化及优势产业的高效融合、对接。采取现场展示、资源整合、项目落地"三位一体"的城镇品牌推广模式[1]，与成熟的产业孵化和平台推广机构等达成合作，建立品牌综合孵化和宣传平台，实现艺术、文化、产业、社会的全面对接。过程中，还应该根据实际情况做好政策、资金及人才等方面的对接，如紧跟国家政策，发挥产业优势，整合产业资源，直接引入资金，打造城镇品牌生态链孵化器，进行城镇品牌常态化推广。

第三，面向市场，从市场化视角运作、宣传城镇品牌。市场先行理念在本土文化品牌推广方面具有重要的战略意义，市场培植成功与否直接影响后续城镇品牌发展的势能。此阶段，依托政府，发挥本土文化的产业和人才优势，以市场运作为出发点，结合产业优势，强化本土文化内涵，以"主流"+"多元"的宣传策略将城镇品牌推向市场，提升城镇品牌的宣传展示方式和途径。

第四，汇聚多方力量，实现艺术特色城镇品牌的整合与发展。互联网时代，数字化、碎片化的优势逐渐显现，消费需求多元化，价值取向多元化，面对不同的文化属性，媒体推广的形态和策略也在不断发生改变，品牌的推广也更加智能、多元，这些变化都在有形或无形地改变着人们对品牌文化和品牌价值的认知，城镇品牌推广和宣传的媒介也逐渐变得"模糊"。因此，需要整合多方资源，汇聚多方力量，实现品牌的整合与发展。

当然，乌镇的成功是值得借鉴和参考的，但文化品牌的推广一定不能是千篇一律的。自身的独特优势依然是不可忽视的重要一环，立足自身才是摆脱困境的前提。以湖北保康县的品牌发展为例，保康县是楚文化的发源地，并一直积极打造"楚国故里，灵秀保康"的旅游品牌。在文化场所的建设方面，保康县积极引进旅游开发公司，建设与旅游资源与文化背景适配的文化场所。在文化宣传方面，保康县创作歌舞剧《荆山楚源》、歌舞诗《荆山歌谣》、襄阳花鼓戏《灯影老屋》等艺术作品，并申请多项国家级、省级非遗，

[1] 陈昱. 整合文化资源 推动跨界融合——苏州创博会助推文化产业融合发展[EB/OL]. [2022-11-26].

出版聚集保康文化的20多本民间文化专著。2019年，保康县文化、旅游、体育与传媒支出为1810.74万元，占总支出的84.42%，旅游发展专项投入使得"楚人故里"旅游品牌知晓率上升25%，持续性文化宣传略显成效。[1]

第四节 摆脱现实困境，实现"千镇千面"，推动城镇多样化发展

一、城镇多样化发展进程中的现实困境

曾几何时，中国的城镇由于自身地域条件和自然人文景观的不同，历史发展脉络和文化传统习俗的不同，民俗民风和生活方式的不同，经济条件和内在社会结构的不同，在发展过程中虽然有很多交叉共性特征，但却不失自身特色，个性鲜明，并未出现如今"千镇一面"的发展现状和尴尬窘境。

在我国城镇化发展过程中，主要有四大特色城镇类型——古韵型特色小城镇、景色型特色小城镇、民族型特色小城镇、地殊型特色小城镇。古韵型特色小城镇主要是历史文化名城或名镇，如平遥古城、丽江古城；景色型特色小城镇以有山有水或有独特的自然风光景色为特点，如广东肇庆、江苏常熟；民族型特色小城镇主要是在不同民族地区，体现民族文化信仰、生活方式及风土人情的城镇，如甘南夏河、南疆喀什；地殊型特色小城镇由于气象因素、地质条件等，形成独特的城镇文化色彩，生活方式和城镇的民俗比较特殊，如甘州张掖、陇东庆阳。[2]这些特色小镇特色鲜明，各具风格，具有强烈的自身符号价值属性。

在中国城镇发展的整体进程中，人文层面的小镇本土文化一度被遗忘、被"破坏"，加之小镇规模的扩大和"成长"方式盲目效仿大城市，城镇在多样性发展的道路上渐渐迷失自我，随之而来的是其自身特色文化和内在价值被无情地"抛弃"和"压制"。加之中国地域广阔，城镇众多，区域性特征明显，而被大城市"洗礼"后的城镇并未体现其自身特色和文化魅力。因此，城镇化并没有更好地彰显城镇在发展过程中形成和萃取的自身文化品牌与价值。[3]相反，还出现了很多问题，如小镇整体建设从门店门头设计到店铺、产品类型，特色都不够鲜明，部分产品定位不准、产品视觉形象意识薄弱，导致经营效益不佳，游客能带走的纪念品不多，没有属于当地的文创IP，环境污染问题比较严重等。[4]

[1] 危小超，颜俊文.可持续性乡村文旅动态评价研究[J].中国管理信息化，2022，25(23)：129-132.
[2] 任致远.略论小城镇特色及其文化价值[J].小城镇建设，2021，39(7)：5-9.
[3] 鲍菡，黄永健.中国新型城镇化建设中的艺术参与[J].河北学刊，2021，41(6)：210-214.
[4] 刘文琳，徐方.新文旅背景下艺术特色小镇发展规划研究——以林州石板岩镇为例[J].旅游纵览，2022(17)：68-70.

目前，在新型城镇化背景下，我国中小城市发展普遍存在四大困境，分别是集聚功能有待增强、产业发展水平有待提升、就业吸纳能力有待加强和公共服务水平有待提升。这些问题的制约，加上错误的商业引导和盲目的跟风建设等因素的影响，就会导致更多的现实困境。

二、立足"善维之美"，进行"文产融合"

党的十八大提出了创新、协调、绿色、开放、共享五大发展理念，随后，党和国家进一步完善中国城镇化发展思路，提出"特色小镇"建设理念。特色小镇建设应秉承产业特色鲜明、体制机制灵活、人文气息浓厚、生态环境优美、多种功能叠加"五大特色"，产、城、人、文"四位一体"的总体价值导向和发展路径。[1]"四位一体"中，"特色鲜明"的构建、"人文气息"的阐释都需要艺术的积极参与和加持。艺术以自身的审美诠释内涵，在城镇化建设中发挥着其他力量所不能及的作用。[2]而艺术思维、艺术作品的融入更能体现城镇化发展进程中所倡导的"望得见山、看得见水、记得住乡愁"的愿景和期盼。[3]

《中国新型城镇化健康发展报告》指出，新型城镇化的核心是以人为本，关键在于积极引导农牧区富余劳动力进入第二、第三产业领域就业创业，由农民转变为市民。"新型城镇化不再是过去的要素简单集聚和经济增长，片面强调城镇的生产功能，而是要更加重视城镇的生活和消费功能，要素城镇化和人的城镇化双核驱动，协调并举。"[4]这是推动城镇多样化发展的前提和重要原则，在此基础上才能推动多样化的新型城镇不断繁荣。

将生态文明建设纳入"五位一体"总体布局，将"绿色发展"作为新发展理念的重要一环，将"污染防治"作为三大攻坚战的重要一战，将"美丽中国"作为中国特色社会主义现代化强化的重要目标……[5]这些重要的思想和举措更是为城镇多样化发展指明了更有意义的道路。

推进城镇多样化发展，实现"千镇千面"，可以从以下几个方面切入。

第一，秉持可持续发展观，以科学的视角进行城镇发展规划。艺术介入城镇发展和建设，坚持科学谋划和引领，可以从两个角度出发：第一，聘请和咨询专业的咨询团队，对城镇的整体规划做好前期的引领和指导工作，整合多方力量，重视城镇规划的立体性、全面性和发展性，保证"一张蓝图绘到底"；第二，明确艺术介入城镇发展的布局、方式，全面体现本土文化产业特征、内在风貌，设置重点项目和优势项目，着力打造具有城镇自

[1] 吴健.产、城、人、文四位一体建设特色小镇分析[J].智能城市，2018，4(15)：62-63.

[2] 任致远.略论小城镇特色及其文化价值[J].小城镇建设，2021，39(7)：5-9.

[3] 鲍菡，黄永健.中国新型城镇化建设中的艺术参与[J].河北学刊，2021，41(6)：210-214.

[4] 张占斌.中国新型城镇化健康发展报告(2014)[M].北京：社会科学文献出版社，2014：1-440.

[5] 叶海涛.习近平生态文明思想的逻辑体系研究——基于党的十八大以来生态文明建设的实践与理论[J].哲学研究，2022(8)：5-13.

身特色、特点的品牌，并做好后续的宣传和推广工作。

第二，立足本土优势，准确定位和打造城镇自身特色。立足城镇本土特色，在艺术介入的基础上将特色优势进行放大和提升，从本土文化开发、特色民俗风情等方面入手，形成特色产业发展生态链条，结合旅游市场，形成艺术特色旅游城镇名片，打造城镇地域文化地标，突出城镇区域优势，描绘精品化、具有特色质量和人文质量的城镇品牌蓝本。

第三，完善城镇政策发展机制，创新运行保障机制。城镇化建设是一项多方力量共同努力的"集合体"，各方力量应明确定位，各司其职，根据艺术城镇的前期规划实施和开展城镇建设，为城镇的发展营造良好氛围。引入文化产业竞争，实行"宽进严定"机制，保障艺术介入城镇发展过程中的质量和效能。创新城镇运行保障机制，建立容错机制，全面保障艺术特色小镇的顺利发展。

第四，深化城镇多样化发展的服务效能。城镇多样化建设需要多方联动，坚持"政府引导"原则，以艺术介入为载体，深化艺术相关产业的主体优势，以市场化运作为基石，全面实现城镇产业、文化、经济的转型升级。搭建政策服务平台，为城镇多样化发展提供专业、全面的服务，营造和谐、创新、积极的文化氛围。在我国，政府对城市空间的管理与规划具有明显的宏观控制权和决策权，如在政策上制定《城市蓝皮书：中国城市发展报告(2018)》《全国城镇体系规划纲要》等，都是对城市建设的长期规划；在法律上，制定明确的《城市规划法》《土地法》《住宅法》。[1]特色小镇在做顶层设计和规划的时候，政府的把关和引导是非常关键的一环，缺乏长远和全局的发展规划或者脱离人民的发展方式，都无法支撑一个小镇的长远发展。

第五，彰显城镇自身特色，实现"千镇千面"。城镇多样性离不开自身特色的支撑，彰显和突出城镇自身特色，可以有效防止"千镇一面，千城一面"现象的产生。城镇的特色体现在艺术介入的过程中，激发和挖掘出来的本土文化特色和"艺+产""艺+文"的融合特色。其中，不管是哪种方式的融合，都会成为城镇独有"标签"，而在后续的规划、运营过程中，也需要以这些特色为出发点，并将这些特色融入小镇的生产、生活甚至生态等各个方面，真正实现"文产融合""千镇千面"。

第六，立足城镇人文，实现生产、生活、生态融合。城镇的多样性发展离不开城镇居民的参与和努力，无论是在产业的聚集性发展，还是城镇文化产业转型、优化、升级的过程中，这种城镇自身的人文精神始终贯穿其中。城镇多样性发展离不开人才的支撑，特色城镇的发展使城镇本身产生前所未有的吸引力，吸引人才在城镇聚集，促进产业升级，为城镇现代化转型贡献力量。长此以往，会为城镇的贡献者带来归属感和认同感，提供足够的人文支撑和人文关怀，促使小镇向生产、生活、生态"三生"融合方向发展。[2]

[1] 郭倩.当代乌镇文化研究[D].上海师范大学，2019.

[2] 吴健.产、城、人、文四位一体建设特色小镇分析[J].智能城市，2018，4(15): 62-63.

很多成功的案例都遵循了这些方法，比如南浔善琏湖笔小镇(见图5.2、图5.3)，政府通过邀请浙江大学建筑设计研究院协助和鼓励当地居民参与等方式，将国家级非物质文化遗产和当地自然山水风情与湖笔工坊、湖笔文化产业园、湖笔文化历史街区等一系列特色项目和产业进行融合，构建了"艺+产""艺+文"的良好产业布局，同时促进了当地的多样化发展，形成了具有明确文化内涵、清晰产业定位和旅游发展方向的新型发展模式。

图5.2　南浔善琏湖笔小镇(1)

图5.3　南浔善琏湖笔小镇(2)

第五节 提升大众文化素养，促进精神文明建设

社科专家陈立旭在谈到党的二十大所提出的"物质富足、精神富有是社会主义现代化的根本要求，物质贫困不是社会主义，精神贫乏也不是社会主义"观点的时候，解释说："这就表明全体人民共同富裕是中国式现代化的重要特征，促进全体人民共同富裕，既要促进全体人民物质富足，也要促进全体人民精神富有。"[1]由此可见，人民群众对美好生活的向往之中，不仅包括物质的内容，也包括精神的内容，自然而然蕴藏着对文化素养提升的向往。一个国家、一个民族的发展，当然离不开大众文化素养的提升。无论从哪个角度来看，大众文化素养的提升和精神文明建设的推进，都是有着重要意义的。

从国内外的诸多城镇发展案例中可以发现，艺术介入不但能够推动当地经济的发展，提高居民的实际收入，而且对人们的身体健康、心理健康、知识技能、审美能力、创造力等综合素养的提升都极有帮助。正如贺拉斯在《诗艺》中提出的"寓教于乐"观点一样，艺术介入城镇发展正是以一种潜移默化的方式来实现洗涤心灵、纯化精神的目标，而这正与我国提高全民文化素养、开展精神文明建设的要求相一致。艺术介入城镇发展，促进了中国城镇经济、社会全方位发展的同时，也在逐渐提升和加强城镇自身的文化影响力，这得益于艺术介入所带来的后续积极影响。同时，这也使得城镇本土文化的独特定位更加明显，更能彰显艺术介入城镇产生的巨大魅力。艺术介入城镇，使城镇形成和"养成"独特的艺术品牌，成为沟通内外、融汇古今、连接中西的重要纽带，既是向世界展示中国城镇发展魅力、推介中国城镇优秀本土文化的重要窗口，又为中国城镇的未来发展提供了新的、更大的艺术舞台。这对构建和谐社会、提升大众文化素养、推动精神文明建设都具有十分重要的作用。

一、满足大众艺术审美需求，提升大众文化素养

艺术熏陶与传承和弘扬优秀艺术文化一脉相承，源于生活，高于生活。良好的艺术的熏陶，可以提高人民大众的文化素养，提升国民综合素质，更能促进社会的和谐发展。[2]

大众文化是中国特色社会主义文化的重要组成部分。近三十年来，随着国家对文化、教育支持力度的加大，大众文化迅速崛起并且以各种形式渗透到国民生活的方方面面。大众文化冲击着以人文精神为价值目标的精英文化和体现官方意识的主流文化，代表着大众的文化需求，成为日常生活的载体。大众文化以丰富的形式、大量的内容和人民群众喜闻乐见的方式，受到大多数人的欢迎，进而产生了越来越深的影响。发展大众文化是时代的

---

[1] 如何理解二十大报告中的"共同富裕"——社科专家热议党的二十大精神(上)[J]. 浙江经济，2022(11)：6-9.

[2] 盛鸿余. 绍兴日报. 高雅艺术的推广与全民素质的提高[EB/OL]. [2022-11-28].

要求，是文化工作者的任务，也是当代城镇化的需要。

就我国目前大众文化发展的整体局势来看，不平衡性依然存在。正如在物质、经济领域一样，文化领域也存在文化发展的城乡、区域、群体不平衡等问题，文化投入、文化设施和文化服务供给方面仍然存在差别。在全面建设社会主义现代化国家进程中实现精神富有，必须破解文化发展不平衡问题。虽然文化发展成果必须惠及全民，但重点关注对象不应是高收入社会群体，而应是城乡、区域弱势社会群体，必须重点关注弱势群体的文化权益保障和精神需求的满足。[1]艺术介入城镇恰恰是一个契机和有效手段，能够促进全体人民群众的精神文化提升，改善在文化资源享有上存在弱势的群体的文化生活状况，早日实现全体人民共同富裕。

艺术介入城镇，深入群众，融入大众生活，使传统观念中的艺术走出"庙堂"的神圣高地，真正成为大众喜闻乐见并切身体验和感受的"大众艺术"。如今，艺术走进城镇，突破以往"小众化""阶层之分"的传统认知，贴近群众生活已经不再是"稀奇"的事，逐渐成为人们生活的一部分。艺术介入城镇发展的次数越多、体系越成熟，越能提升城镇文化软实力与整体形象，并能直接和间接地带动旅游等其他相关产业的发展。无论哪种艺术形式的介入，其发展和演进的过程中都不可能远离大众群体而"真空存在"。[2]艺术介入城镇发展，正以更加主动的姿态拉近艺术与大众的距离，使人们的精神生活更加充盈和富足。党的二十大期间，中央民族乐团团长曾说："10年来，中华优秀传统文化得到创造性转化、创新性发展，越来越多年轻观众喜爱民乐，越来越多孩子学习民族器乐。用民乐讲好中国故事，努力擦亮中华文化国际传播的金名片，奏响新时代的'国风雅韵'，铸就社会主义文化新辉煌，是我们的责任担当，更是我们的奋斗目标。在守正创新中开拓文艺新境界，才能更好地满足人民文化需求、增强人民精神力量。"[3]

艺术介入城镇发展，提升大众文化素养可以从以下几方面进行。

第一，积极探索艺术介入城镇发展的形式和种类。我国的艺术事业从来都是提倡多元发展，党一直坚持"扶持优秀文化产品创作生产，加强文化人才培养，繁荣发展文学艺术、新闻出版、广播影视事业"[4]。同样地，艺术介入城镇发展，应从全局角度出发，不应局限于某一类或某一种形式的艺术，应该积极探索更多艺术形式介入的可能性，如乌镇，不仅创办戏剧节，还建立了美术馆、举办世界邀请展等，大众艺术素养的提升是全方位的、多元的，积极引导，多方探索，挖掘大众的艺术陶冶"市场"，避免局限性、狭隘性。

[1] 如何理解二十大报告中的"共同富裕"——社科专家热议党的二十大精神(上)[J]. 浙江经济，2022(11)：6-9.

[2] 内蒙古文明网. 高雅艺术应走出殿堂走进大众[EB/OL]. [2022-11-29].

[3] 《人民日报》评论员. 用新的伟大奋斗创造新的伟业——论学习贯彻党的二十大精神[J]. 青海党的生活，2022(11)：63-64.

[4] 中共中央关于制定国民经济和社会发展第十三个五年规划的建议[M]. 北京：人民出版社，2015：21.

第二，拓展大众文化素养的多元化场所。大众文化素养的提升，不应仅凭艺术介入城镇中的某个节点或某个固定场所而展开，应该突破城镇既有的空间概念限制，拓展艺术介入城镇空间的边界和尺度，如充分利用名人故居、文化底蕴深厚的场所空间，与艺术进行融合、碰撞，产生不一样的艺术呈现方式，还可以在现有的古建筑基础上，进行艺术化场馆、空间的改造，为多种艺术形式的介入提供"肥沃"的成长土壤。此外，大众文化素养的提升还应该从娃娃抓起，积极探索艺术在年轻受众群体中的发展，充分利用课堂、讲座等形式，为提升大众文化素养提供多元可能。例如近几年，洛带古镇财政每年专项拨付4000万元用于文化旅游、文创发展，实行了税收超额全部返还政策、高层次人才引进倾斜政策、干部人才重点培训培养政策；每年投入近2亿元用于基础配套建设，进一步推进了特色小镇的转型升级。[1]

第三，建立艺术形式介入的长效性和可持续机制。艺术介入城镇并非只是某个时间段内的"集体狂欢"，狂欢过后即恢复平静，而应是一种长效的、可持续的艺术事件或行为。大众文化素养的提升是一个循序渐进、细水长流的过程，艺术介入也应如此。那么，如何形成长效和可持续机制？可以在一月或一周中，在某一固定的时间段，设置不同的艺术模块，再由各个艺术模块构成一个完整的艺术体系。大众可以根据自身的爱好和兴趣，在自选时间内对某一模块的艺术进行欣赏和品鉴，使艺术素养的提升形成闭环。

当然，"在文艺创作中，要大力积极倡导文学艺术家在实践中热情歌颂和深刻反映当今时代中国人民解放思想、实事求是、与时俱进、开拓创新的精神风貌，大力唱响在中国共产党领导下走中国特色社会主义道路、实现中华民族伟大复兴时代主旋律。"[2]

二、艺术激发文化创新活力，促进精神文明建设

城镇化进程不仅是人口和产业空间集聚的过程，也是城镇居民价值观和生活方式向农村居民传播和扩散的过程。[3]这个过程就是艺术介入之下的乡村和城镇精神文明建设新型局面的发展过程。

艺术介入城镇发展虽然只是一种"外显"形式，但它的形式多样、内容丰富，以其无限的、潜在的动力激发着本土文化的创新活力，对促进精神文明建设、构建社会主义核心价值体系具有不可替代的重要作用。艺术的先进性、感染力和灵活性是城镇进步、发展和提升的内在动力，艺术在城镇空间中体现了开放性和包容性特质，并深入城镇发展的各个

[1] 蒋柯可，熊正贤. 文旅类特色小镇同质化问题与差异化策略研究——以四川安仁古镇和洛带古镇为例[J]. 长江师范学院学报，2019，35(2)：33-40.

[2] 全国干部培训教材编审指导委员会. 社会主义文化强国建设[M]. 北京：人民出版社，2015：72、72.

[3] 王坤，黄震方，余凤龙，曹芳东. 中国城镇化对旅游经济影响的空间效应——基于空间面板计量模型的研究[J]. 旅游学刊，2016，31(5)：15-25.

领域，影响和激发着大众文化的创新、发展和进步。[1]

就当下我国的发展而言，中国式现代化是物质文明和精神文明相协调的现代化。我们要在不断厚植现代化的物质基础、不断夯实人民幸福生活物质条件的同时，大力发展社会主义先进文化，加强理想信念教育，传承中华文明，促进物的全面丰富和人的全面发展。[2]艺术介入城镇发展的过程中，要时刻谨记社会主义核心价值观和促进精神文明建设的重要任务。

艺术介入城镇发展，激发文化创新活力，促进精神文明建设主要体现在以下方面。

其一，激发城镇文化创新活力，增强城镇文化的创新品质。艺术介入城镇的过程中，应该积极探索当今社会发展氛围下的本土文化内在的发展规律和动力，以艺术形式多、艺术品质高、艺术性强等方式激发城镇文化的创新和发展活力。植根城镇文化沃土，绽放城镇文化创新活力，充分利用城镇本土文化资源，与中国实际相结合，激励形式多样的艺术活动和事件介入，全面提升城镇文化的创新品质。

其二，积极提升促进精神文明建设的城镇艺术文化氛围。城镇文化艺术氛围的提升，直接影响城镇居民的文化水平以及大众对城镇文化发展程度的认知。城镇艺术文化氛围的营造，并不是一股力量的"单打独斗"，而是一个多方合作的共同事业。坚持艺术形式的大繁荣、大发展，做精神文明建设的参与者和助推者。

其三，汇聚艺术介入城镇发展的价值势能，增强、推进和引领精神文明建设。艺术介入与城镇本土文化力量的结合可以发挥艺术介入的价值势能，促进精神文明建设，形成具有独特优势和鲜明特点的精神文明核心价值体系。结合本土文化实际，凝聚本土文化价值理念，增强和引领精神文明建设，在艺术与本土文化的融合过程中推进精神文明建设步伐的稳步向前。丰富大众的精神生活，坚定理想信念，遵循社会主义核心价值体系，增强精神文明建设的艺术文化滋养，丰富精神文明建设的艺术文化载体，创新精神文明建设的艺术文化手段，实现精神文明价值的实质飞跃。[3]

当然，这对艺术也有一定的要求。首先是继承，而继承需要从本土艺术中汲取营养，在民间、乡村中凝聚本土艺术与文化的价值，经过艺术性与科学性的转化，使得艺术在此反哺大众。其次，需要在继承的基础之上进行创新，创造出大众喜闻乐见的艺术形式，并积极推动艺术进入乡村与城镇，使之在潜移默化中净化和熏陶人们的心灵与精神。如此，才能使艺术更具有民族生命力，在社会精神文明建设中发挥作用。

党的二十大之后，从我国新的发展目标和历史阶段来看，我国当前的发展注重"推进

---

[1] 张晓雯. 论艺术对大众文化的影响与作用[J]. 科技资讯，2012(24)：226.

[2] 编者按：学习宣传贯彻党的二十大精神 在中国式现代化进程中开启艺术教育新篇章[J]. 艺术教育，2022(12)：6.

[3] 彭陈. 新时代增强精神文明建设工作的文化力量[J]. 长春理工大学学报(社会科学版)，2021，34(3)：42-46.

文化自信自强，铸就社会主义文化新辉煌"[1]的精神文明建设任务，当然我们必须遵循科学的内容、民族的形式和大众的方向，在继承民族优秀文化遗产的基础上，创造大众喜闻乐见的艺术作品，丰富大众的精神生活，提高大众的精神境界，在推动社会主义文化发展的同时，促进社会和谐发展。[2]艺术介入城镇发展应该坚持这些基本要求和原则，为我国新时代的城镇化和乡村振兴服务，推进全社会文明程度的提升，促进文化事业和文化产业的繁荣，提高人们的精神文化生活水平，推动经济社会整体发展。《党的二十大特别报道》中，时任四川省资阳市雁江区保和镇晏家坝村党总支书记查玉春代表提到："非凡十年间，我们如期打赢脱贫攻坚战，完成全面建成小康社会的历史任务，晏家坝村也通过发展'农业+旅游'的模式实现了脱贫致富。我们要接续推进乡村振兴，扎实推动共同富裕，让乡亲们的日子越过越红火。"[3]

[1] 党的二十大报告要点[J]. 中国经济周刊，2022(20)：10-17.

[2] 学习宣传贯彻党的二十大精神 在中国式现代化进程中开启艺术教育新篇章[J]. 艺术教育，2022(12)：6.

[3] 人民日报评论员. 用新的伟大奋斗创造新的伟业——论学习贯彻党的二十大精神[J]. 青海党的生活，2022(11)：63-64.

总结与展望

镇，是中国社会结构中独特的存在，它既不是完全的乡村，又不是完全的城市，但它既保留有大量的传统文化，又展现出与现代文化接轨的可能性。

从历史与国际视角看，镇既是商业的聚集地，又是文艺的汇聚之地。因此，对于镇而言，既需要保持其传统文化的属性，又需要将其看成具有国际视野的窗口。乌镇，以充满古意而闻名遐迩，说明其在城市文明背景下，仍保留着大量的传统文化，这是与国际接轨的重要内容，但是并不能只以原真性作为其唯一的发展特色。从国际视野看，乌镇需要满足不同受众群体的审美需求，但是这需要以文化主题为导向，才可以从观光、度假这种模式中突破，摸索出可持续发展的道路。所以，在田园模式的场域中，需要在传统文化体验活动的商业模式基础上，综合考虑信息时代的文化艺术追求、行为情感体验等，推动复合式、综合性的混合消费，引导和培养观众对乌镇的认识，形成一种文化符号。通过研究发现，戏剧、美术馆展览、当代艺术展、科技艺术等艺术方式与行为的介入，都可以让乌镇的文化内容更加丰富，使乌镇的文化层次符合更多人群的需求，这对于探讨艺术介入城镇的发展具有重要意义。

艺术介入城镇发展，能够彰显城镇文化的内在底蕴，丰富本土文化色泽，使城镇焕发生机。艺术介入城镇发展，更多体现在城镇发展过程中的"中"和"新"两方面。"中"是指结合本土文化，为本土文化插上转型、腾飞的翅膀；"新"则是指艺术介入作为一股新生力量在城镇发展中起到了不可替代的作用，使城镇在现代化的大潮中既坚持创新发展，又不失本土文化的本真。

而从地方和国家发展的宏观视角看，新型城镇化一头连着最雄厚的内需潜力，是强大国内市场的有力支撑和持续拓展；另一头连着现代化生产、生活、安全、治理方式，是高质量供给体系的主要载体，是供需两侧构筑新发展格局的黄金结合点。[1]城镇在艺术的帮助之下，可以拥有更好的发展契机。近十年来，我国城镇化建设与发展成就斐然，为经济

---

[1] 胡拥军. 完善新型城镇化战略 推动构建新发展格局[J]. 中国经贸导刊，2022(10): 62-63.

发展提供澎湃动能，为实现全面建成小康社会、推进共同富裕提供坚实支撑。[1]当然，站在超越物质效益的视角来看，艺术介入城镇的发展模式是具有温情和精神关怀的一种发展方式。"艺术介入乡村的手段焦点不是艺术本身，而是通过艺术的介入恢复乡村的礼俗秩序和伦理精神，激发村民的主体性和参与感，保持人们内心深处的敬畏和温暖。"[2]艺术介入的终极结果一定不是一个艺术家或其作品的成功，而是一个城镇、一个乡村或者一个街区能够变得更加美好。换而言之，艺术介入的目的不是创造者自身获得了多少关注和认可，而是观者、接受者在与作品相处和共生的过程中变得更加美好。

我们可以从两个角度看待艺术介入城镇在未来所体现的价值：一是在纵向发展轨迹上，在波浪式前进和螺旋式上升的发展过程中，完成自我升级；二是解决横向上存在于国内外城市化进程中的逆城市化问题。

从回归艺术乃至一切事物发展的自身规律来说，一切发展都是在新旧事物的不断交替或者自我扬弃之中进行的，所以艺术介入城镇的方法和模式也不尽相同。坚守传统底色和广泛吸收、借鉴，都是在不断自我完善的过程中持续进行，二者缺一不可。同时，我们要注意，在漫长的纵向发展中，理论与实际的结合也同样重要。

现阶段，我们看到了许多艺术介入城镇发展的成功案例，品尝到许多甜美的胜利果实，但并不代表这就是解决问题的完美形态，更好的方式、更好的模式、更好的发展路径有待探索。

为了树立城镇美好的文化形象，焕发城镇光彩，艺术介入城镇应该科学谋划、规划引领，准确定位、打造精品，完善机制、创新载体，深化服务、提高效能，[3]还需要继续秉持量体裁衣、量力而行、一举多得、群策群力、软硬兼施、互利共赢的方针和策略。"量体裁衣"是以现有城镇为基础，以城镇自身特色为导向和风向标，立足正确的生态价值观，合理布点，有序"建城"；"量力而行"是基于城镇自身的配套设施，立足长远，科学布局，循序渐进、次第展开；"一举多得"是将城镇自身特色和优势产业进行整合、协调，优化空间布局，推进全方位发展；"群策群力"是在城镇化过程中，积极调动多方力量，政策引导与市场推动相结合，鼓励多方力量参与其中；"软硬兼施"，"软"是指艺术介入城镇发展的管理方式、方法及举措方面，应以"大破大立"之势推动创新，"硬"是指艺术介入城镇发展过程中的基础设施和必要周边硬件设施的配备及完善；"互利共赢"，平衡各利益方的关系是城镇化发展成熟的重要标志，艺术介入城镇应坚持共商、共建、共享的原则，保证各参与方的利益平衡关系。[4]

[1] 柯善北. 以人为本 构建高质量发展新格局 《"十四五"新型城镇化实施方案》解读[J]. 中华建设，2022(8).

[2] 陈炯. 艺术振兴乡村的策略与方法研究[J]. 中国人民大学学报，2021，35(02)：163-172.

[3] 吴健. 产、城、人、文四位一体建设特色小镇分析[J]. 智能城市，2018，4(15)：62-63.

[4] 小镇探索. 2019年特色小镇发展模式解读[EB/OL]. [2022-11-30].

新时代，艺术介入城镇发展并非只是"照本宣科"，而是以中华传统文化的继承和创新性发展为前提，同时也体现在城镇本土文化价值的再建和重塑等方面。深化认识，深刻理解艺术介入城镇发展的本质，精准把控艺术介入城镇发展的内涵、功能及作用，坚持个性发展，切忌"蜂拥而上""趋之若鹜"。站在历史发展的角度展望未来，艺术应该回归城镇本土文化传统，构建新型城镇的"善美之维"。

而从横向的实际应用角度看，社会的需求是我们不得不关注的重点。

在中国部分城镇化发展较快的经济发达地区，人口要素出现了新的分化与迁移趋势：一是已经出现城乡人口向农村及周边小城镇转移的趋势，例如浙江省；二是乡村人口回流趋势明显，2020年全国各类返乡入乡创业创新人员达到1010万人。[1]这个现象与欧美许多城市出现的对城市发展弊病的反应有极大的相似性，也是城镇化过程中不得不重视的一个问题，它与经典的逆城市化问题息息相关。

与欧美国家对比来看，以美国为例，最初美国也是以乡村为主的国家，但是在工业化的进程中，美国的大量乡村人口为了经济利益而纷纷前往城市工作，因而导致乡村出现衰败。第二次世界大战之后，美国对乡村进行了大规模的投入，出现了逆城市化现象，从而实现了乡村振兴。[2]但这也给城市发展带来很大的问题。美国城市化快速发展，大城市的膨胀引发了极其严重的城市问题，即城市病。从社会学的角度看，较短期内农村人口大规模地向城市流动，引起城市社会过速变迁，进而带来了城市社会的失控，问题极其严重。19世纪末，美国城市人口密度达到顶峰，住房拥挤不堪，大城市中心区人口甚至达到了每平方千米十几万。[3]此外，还有其他问题，如城市污染严重，人口老龄化、空心化问题严重，劳动力严重不足，产业无法顺利转型升级等。

逆城市化与乡村振兴之间的关系是错综复杂的，却又是城市发展过程中不可避免的考验，如同城镇发展过程中需要振兴一样。其实，城镇在艺术介入之下的改善对城市问题的解决也很有价值，因为城市化正是实现城镇化发展目标之后的下一阶段，正如卡尔·马克思所说的"现代的历史是乡村城市化，而不像古代那样，是城市乡村化"。[4]乡村振兴与城镇化发展过程中的艺术文旅发展经验，不仅仅是旅游业发展的宝贵资源和财富，也可供其他地区直接应用或者间接参考。我国地域辽阔，地区发展并不平衡，存在乡村振兴和逆城市化同步进行的现象。因此，我们不仅要面对推进乡村和落后城镇发展进程的问题，也要面对大城市的城市化后期出现的逆城市化问题。

对我国来说，从更长远的地区发展战略视角来看，城镇或者村落会随着发展进程的推

[1] 人民日报. 2020年全国各类返乡入乡创业创新人员达到1010万人[EB/OL]. [2022-12-01].

[2] 徐和平. 郊区化和逆城市化下的美国乡村发展与振兴[J]. 中国名城，2019(10)：13-19.

[3] Kenneth Fox. Metropolitan America[M]. University Press of Mississippi,1986:38.

[4] 罗娜. 中国逆城市化问题的政策思考[J]. 农村经济与科技，2021，32(15)：264-266+281.

移，不断地城市化，而这种艺术介入的发展模式并不会随着城市化程度的提高而失去价值，相反，它或许是城市化高速发展的时代应对逆城市化进程和城市工业区单一发展弊端的好方法。比如，2019年，国家发展改革委等15部门印发的《关于推动先进制造业和现代服务业深度融合发展的实施意见》中提出"培育融合发展新业态新模式"，支持有条件的工业遗产和企业、园区、基地等，挖掘历史文化底蕴，开发集生产展示、观光体验、教育科普等于一体的旅游产品，厚植工业文化，弘扬工匠精神。[1]在艺术和其他因素的介入之下，如果能够借鉴国外的解决经验，因地制宜，形成因依附于城市的工业园区带动周边乡村、小镇的发展模式，就能更好地促进城乡融合，从而转移城市内部矛盾，减轻城市内循环的压力。而参考艺术城镇建设的体量较小的艺术类产业园，则可以成为城市产业结构升级的突破点，为城市提供新的发展活力。

这种体系里的城镇与美国学者提出的"边缘城市"概念类似。美国学者高乐在《边缘城市》一书中介绍了边缘城市的特点[2]，边缘城市一般在城市外围的交通干线交叉地带，呈线性或走廊形态，吸引外围地区的居民休闲、购物，提供一定的就业岗位，并为人们提供类似于城市的生活环境，但它们并不是城市，处于周边农村地区的包围之中。[3]但显然，在艺术等因素的介入之下，新的发展模式所产生的可能性远比美国学者们的"边缘城市"概念所能提供的机遇和上升空间要大，而且也更加符合我国实际的国情和民情。

当然，看到美好未来和巨大发展前景的同时，也要意识到其中存在的问题。并不是只要艺术介入，就一定能够达成所谓的良好效果，艺术介入的结果是多种多样的，也存在不尽如人意的可能性，未必能够实现"艺术与城镇共生"。即便能够实现，其实现和维持的成本也都需要纳入现实考虑因素的范畴；即便不以营利为目的，也要考虑经济、人力、时间等成本，以及其在文化传承、社会氛围营造等方面产生的各种影响。假如实现"艺术与城镇共生"的代价是巨大经济效益的牺牲，是对一个相对完善的资金链运转模式的破坏，那么这种艺术的介入需要重新斟酌、考虑。

另外，虽然"艺术介入"的概念早就被提出，在当下社会中也日渐变得清晰，但在实际的发展实践之中，仍然存在很多对概念的理解偏差。其实，这种偏差暴露的正是未来需要解决的重要问题，那就是"介入"的外来性与城乡发展自体闭环之间的关系。"外来的介入提供一些方法，也许是提供一些机遇、一些信息，但是最终真正的改变其实还是要乡村自己发生"[4]，当下我们所说的一切"艺术介入"仍然只是一种外来的"介入"，无论是借用了某种外来的形式或者思维，还是借鉴了某些艺术家、设计师的创意，又或者是其

[1] 夏平平，周可婕. 文化自信背景下工文旅融合发展的创新之路探索——以江苏省常熟市凤禧文化艺术中心为例[J]. 旅游纵览，2023(4)：139-141+148.

[2] [美]理查德·格林P. 城市地理学[M]. 北京：商务印书馆，2011：476.

[3] 徐和平. 郊区化和逆城市化下的美国乡村发展与振兴[J]. 中国名城，2019(10)：13-19.

[4] 李人庆. 艺术乡建助推乡村振兴[J]. 美术观察，2019(1)：22-24.

他什么具体的实现方式，但毫无疑问，其本身仍是主要以外来因素的介入为主的一种方式。虽然可以实现很好的效果，也确实存在很多成功的案例，但仍然需要我们思考的一个问题是：是否存在一种不具有那么强烈的外来性和引入性的介入形式呢？也就是说，是否能形成一种内发型的艺术与城镇和谐共生的局面呢？也许这个问题在当下的答案仍然是不确定的，甚至是否定的，但笔者相信，在更远的未来、更多的实践之后，人们一定能形成真正不依赖任何外来介入的、自发与自生的、"艺术与城镇共生"的和谐场面。

总而言之，艺术介入城镇的发展模式，无论是从自身不断完善、升级的角度，还是从我国实际发展需求和实现伟大复兴的目标来说，都有着可期的美好未来。

参考文献

中文书籍

[1] [德]马克思. 1844年经济学一哲学手稿[M]. 刘丕坤，译. 北京：人民出版社，1979.

[2] 陈正祥. 中国文化地理[M]. 北京：生活•读书•新知三联书店出版社，1983.

[3] 费孝通. 小城镇四记[M]. 北京：新华出版社，1985.

[4] 吴良镛. 广义建筑学[M]. 北京：清华大学出版社，1989.

[5] 刘沛林. 古村落：和谐的人居空间[M]. 上海：上海三联书店，1997.

[6] [英]爱德华•泰勒. 原始文化[M]. 连树声，译. 上海：上海文艺出版社，1992.

[7] (清)袁景澜. 吴郡岁华纪丽[M]. 南京：江苏古籍出版社，1998.

[8] [美]理查德•舒斯特曼. 实用主义美学[M]. 彭锋，译. 北京：商务印书馆，2002.

[9] [德]瓦尔特•本雅明. 机械复制时代的艺术作品[M]. 王才勇，译. 北京：中国城市出版社，2002.

[10] [英]迈克•克朗. 文化地理学[M]. 杨淑华，宋慧敏，译. 南京：南京大学出版社，2003.

[11] 包亚明. 后大都市与文化研究[M]. 上海：上海教育出版社，2005.

[12] 木心. 温莎墓园日记[M]. 桂林：广西师范大学出版社，2006.

[13] [美]艾伦•布里曼. 迪士尼风暴：商业的迪士尼化[M]. 乔江涛，译. 北京：中信出版社，2006.

[14] 孙昌武. 隋唐五代文化史[M]. 上海：东方出版中心，2007.

[15] 木心. 素履之往[M]. 桂林：广西师范大学出版社，2007.

[16] 冯普仁. 吴越文化[M]. 北京：北京文物出版社，2007.

[17] 余丁. 艺术管理学概论[M]. 北京：高等教育出版社，2008.

[18] 王春辰. 艺术介入社会[M]. Timezone 8 Limited，2010.

[19] [美]理查德•P. 格林. 城市地理学[M]. 北京：商务印书馆，2011.

[20] 程颐. 二程集(下册)•周易程氏传(卷三)[M]. 北京：中华书局，2011.

[21] 李学勤. 字源[M]. 天津：天津古籍出版社，2013.

[22] 张占斌. 中国新型城镇化健康发展报告(2014)[M]. 北京：社会科学文献出版社，2014.

[23] [比]迪弗. 杜尚之后的康德[M]. 沈语冰，等，译. 南京：江苏美术出版社，2014.

[24] 全国干部培训教材编审指导委员会. 社会主义文化强国建设[M]. 北京：人民出版社，2015.

[25] 中共中央关于制定国民经济和社会发展第十三个五年规划的建议[M]. 北京：人民出版社，2015.

[26] 李劼. 木心论[M]. 桂林：广西师范大学出版社，2015.

[27] 张宏梅，赵忠仲. 文化旅游产业概论[M]. 北京：中国科学技术出版社，2015.

[28] 周乾松. 中国历史文化名镇：乌镇史研究[M]. 杭州：浙江大学出版，2015.

[29] 新玉言. 以人为本的城镇化问题分析：国家新型城镇化规划(2014－2020年)[M]. 北京：新华出版社，2015.

[30] 习近平. 决胜全面建成小康社会 夺取新时代中国特色社会主义伟大胜利——在中国共产党第十九次全国代表大会上的报告[M]. 北京：人民出版社，2017.

[31] 浙江省桐乡市乌镇志编纂委员会. 乌镇志[M]. 北京：方志出版社，2017.

[32] [德]海德格尔. 世界图像时代[M]. 孙周兴，译. 上海：上海三联书店，1996.

[33] 王云敏，蔡锦军. 北海年鉴[M]. 北京：线装书局，2018.

[34] 万献初，刘会龙. 说文解字十二讲[M]. 北京：中华书局，2019.

[35] 郭丹，等. 四书五经[M]. 北京：中华书局，2019.

[36] 陈鼓应，赵建伟. 周易今注今译[M]. 北京：中华书局，2020.

[37] 张怀通. 《尚书》新研[M]. 北京：中华书局，2021.

[38] 黄永健，李苗，胡娜，等. 文化科技创新发展报告(2019)[M]. 北京：社会科学文献出版社，2019.

中文报刊

[1] 茅盾. 香市[J]. 申报月刊，1933(7).

[2] 钟桂松. 乌镇与《春蚕》的创作[J]. 语文学习，1984(11).

[3] 阮仪三，邵甬，林林. 江南水乡城镇的特色、价值及保护[J]. 城市规划汇刊，2002(1).

[4] 志存高远求精品——陈向宏谈乌镇旅游开发[J]. 浙江经济，2002(6).

[5] 宫宝荣. 维拉尔的大众戏剧观与阿维尼翁戏剧节的创立[J]. 戏剧(中央戏剧学院学报)，2006(2).

[6] 黄梅. 从伴娘到皇后——与卡塞尔文献展漫步现当代美术史[J]. 世界美术，2007(2).

[7] 夏平平，周可婕. 文化自信背景下工文旅融合发展的创新之路探索——以江苏省常熟市凤禧文化艺术中心为例[J]. 旅游纵览，2023(4).

[8] 繁荣文化产业 促进文化旅游[N]. 中国文化报，2009-09-30(1).

[9] 云杉. 文化自觉 文化自信 文化自强[J]. 红旗文稿，2010(15).

[10] 国务院. 文化产业振兴规划[S]. 江淮，2010(7).

[11] 车建修. 对城市公共艺术发展现状的思考[J]. 现代装饰(理论)，2011(10).

[12] 樊焕美. 英国城市复兴中的公共艺术——以威尔士斯旺西市为例[J]. 大众文艺，2011(24).

[13] 张晓雯. 论艺术对大众文化的影响与作用[J]. 科技资讯，2012(24).

[14] 马光远. 记得住乡愁的城镇化[J]. 商周刊，2013(26).

[15] 徐选国，杨君. 人本视角下的新型城镇化建设：本质、特征及其可能路径[J]. 南京农业大学学报(社会科学版)，2014，14(2).

[16] 马光远. 记得住乡愁的城镇化[J]. 国土资源导刊，2014，11(1).

[17] 王坤，黄震方，余凤龙，曹芳东. 中国城镇化对旅游经济影响的空间效应——基于空间面板计量模型的研究[J]. 旅游学刊，2016，31(5).

[18] 习近平. 在第二届世界互联网大会开幕式上的讲话[N]. 人民日报，2015-12-17(2).

[19] 辛文. 揭秘乌镇国际未来视觉艺术计划[J]. 收藏投资导刊，2016(24).

[20] 张玉胜. 愿古镇遇冷的尴尬不再重现[N]. 中国旅游报，2018-10-19(3).

[21] 唐克扬. 木心美术馆评述[J]. 建筑学报，2016(12).

[22] 冯博一. 乌托邦，而且异托邦——关于乌镇国际当代艺术邀请展[J]. 世界美术，2016(2).

[23] 毛舒. 视觉设计格式与文化内涵——以木心美术馆视觉引导系统设计为例[J]. 艺术与设计(理论)，2017，2(10).

[24] 张广海，赵韦舒. 中国新型城镇化与旅游化互动效应及其空间差异[J]. 经济地理，2017，37(1).

[25] 董晓峰，杨春志，刘星光. 中国新型城镇化理论探讨[J]. 城市发展研究，2017，24(1).

[26] 乔润令. 既好看，又能赚钱，才是最好的特色小镇[J]. 房地产导刊，2017(11).

[27] 习近平. 决胜全面建成小康社会 夺取新时代中国特色社会主义伟大胜利——在中国共产党第十九次全国代表大会上的报告(2017年10月18日)[N]. 人民日报，2017-10-28(1).

[28] 赵华. 旅游特色小镇创新开发探析[J]. 经济问题，2017(12).

[29] 吴迪. 又见新西兰大虫子——亲历"乌镇国际未来视觉艺术展"[J]. 模型世界，2017(2).

[30] 王德刚. 文旅融合发展助推文化强国建设[N]. 中国旅游报，2017-05-12(3).

[31] 吴健. 产、城、人、文四位一体建设特色小镇分析[J]. 智能城市，2018，4(15).

[32] 陈冲. 宋伯仁《西塍集》诗歌风格论析[J]. 长江丛刊，2018(5).

[33] 危小超，颜俊文. 可持续性乡村文旅动态评价研究[J]. 中国管理信息化，2022，25(23).

[34] 王晓松. 时间开始了——2019乌镇当代艺术邀请展[J]. 当代美术家，2019(3).

[35] 王倩. 论戏剧节与小镇文艺复兴——以乌镇戏剧节与阿维尼翁戏剧节为例[J]. 戏剧文，2019(2).

[36] 徐和平. 郊区化和逆城市化下的美国乡村发展与振兴[J]. 中国名城，2019(10).

[37] 古镇为例[J]. 长江师范学院学报，2019，35(2).

[38] 蒋柯可，熊正贤. 文旅类特色小镇同质化问题与差异化策略研究——以四川安仁古镇和洛带古镇为例[J]. 长江师范学院学报，2019，35(2).

[39] 李人庆. 艺术乡建助推乡村振兴[J]. 美术观察，2019(1).

[40] 徐和平. 郊区化和逆城市化下的美国乡村发展与振兴[J]. 中国名城，2019(10).

[41] 刘诗梦. 纯粹的混凝土——木心美术馆[J]. 环球首映，2019(4).

[42] 孟凡行，康泽楠. 从介入到融和：艺术乡建的路径探索[J]. 中国图书评论，2020(9).

[43] 魏爱萍，金潇. 嵊州越剧小镇深度开发研究[J]. 新西部，2020(12).

[44] 陈炯，甘露. 互动与秩序——生态场域理论视野下的越后妻有大地艺术祭[J]. 美术观察，2020(2).

[45] 胡哲，陈可欣. 西方城市公共艺术规划发展历程[J]. 中国建筑装饰装修，2020(9).

[46] 张子昂，等. 乌镇模式的迪士尼化特征与形成机制[J]. 人文地理，2021(6).

[47] 任致远. 略论小城镇特色及其文化价值[J]. 小城镇建设，2021，39(7).

[48] 李璐，孙焱. 嵊州越剧小镇的生活叙事[J]. 浙江艺术职业学院学报，2021，19(4).

[49] 罗娜. 中国逆城市化问题的政策思考[J]. 农村经济与科技，2021，32(15).

[50] 任致远. 略论小城镇特色及其文化价值[J]. 小城镇建设，2021，39(7).

[51] 胡春萌. 艺术，为城市更新拓宽思路[N]. 天津日报，2021-11-23(10).

[52] 彭陈. 新时代增强精神文明建设工作的文化力量[J]. 长春理工大学学报(社会科学版)，2021，34(3).

[53] 陈炯. 艺术振兴乡村的策略与方法研究[J]. 中国人民大学学报，2021，35(2).

[54] 鲍菡，黄永健. 中国新型城镇化建设中的艺术参与[J]. 河北学刊，2021，41(6).

[55] 卢园园. 新型城镇化研究综述[J]. 社会科学动态，2021(6).

[56] 孙博，张晓诗，黄婷婷. 精神重塑：公共艺术介入城市更新行动[J]. 工业工程设计，2021，3(4).

[57] 如何理解二十大报告中的“共同富裕”——社科专家热议党的二十大精神(上)[J]. 浙江经济，2022(11).

[58] 《人民日报》评论员. 用新的伟大奋斗创造新的伟业——论学习贯彻党的二十大精神[J]. 青海党的生活，2022(11).

[59] 刘文琳，徐方. 新文旅背景下艺术特色小镇发展规划研究——以林州石板岩镇为例[J]. 旅游纵览，2022(17).

[60] 倪鹏飞，徐海东. 面向2035年的中国城镇化[J]. 改革，2022(8).

[61] 叶海涛. 习近平生态文明思想的逻辑体系研究——基于党的十八大以来生态文明建设的实践与理论[J]. 哲学研究，2022(8).

[62] 何绍辉. 用好乡村文旅资源 助推乡村全面振兴[J]. 新湘评论，2022(18).

[63] 刘勇. 走可持续发展之路，推动新型城镇化高质量发展[J]. 中国发展观察，2022(8).

[64] 党的二十大报告要点[J]. 中国经济周刊，2022(20).

[65] 学习宣传贯彻党的二十大精神 在中国式现代化进程中开启艺术教育新篇章[J]. 艺术教育，2022(12).

[66] 胡拥军. 完善新型城镇化战略 推动构建新发展格局[J]. 中国经贸导刊，2022(10).

[67] 柯善北. 以人为本 构建高质量发展新格局 《“十四五”新型城镇化实施方案》解读[J]. 中华建设，2022(8).

[68] 宋豆豆. 浅析艺术节对乡村小镇的作用[J]. 商业文化，2022(11).

[69] 张琦，庄甲坤，李顺强，孔梅. 共同富裕目标下乡村振兴的科学内涵、内在关系与战略要点[J]. 西北大学学报(哲学社会科学版)，2022，52(3).

[70] 杨佩卿. 新型城镇化和乡村振兴协同推进路径探析——基于陕西实践探索的案例[J]. 西北农林科技大学学报(社会科学版)，2022，22(1).

[71] 林一. 文旅融合中的艺术管理学科发展[J]. 艺术管理(中英文)，2022(3).

[72] 李任. 深度融合与协同发展：文旅融合的理论逻辑与实践路径[J]. 理论月刊，2022(1).

[73] 马婷婷，蒲利利. 河西走廊文旅产业融合发展的路径研究[J]. 兰州文理学院学报(社会科学版)，2022，38(1).

[74] 曹献馥，曹献秋. 美丽中国视角下的艺术旅游与文化传播[J]. 社会科学家，2022(11).

[75] 徐晴. 论当代艺术的审美构建与社会责任[J]. 美与时代(下)，2022(6).

[76] 王朝才，李淑一，刘奥，申学锋. 我国农村产业融合研究述评[J]. 当代农村财经，2022(6).

[77] 本报评论员. 加快构建网络空间命运共同体[N]. 光明日报，2022-11-10(1).

[78] 陈海波，张安迪. “这场盛会恰逢其时”[N]. 光明日报，2022-11-11(7).

[79] 王孟图. 新时代艺术介入乡村建设的焦点问题[J]. 艺术管理(中英文)，2022(3).

[80] 范羽希. 大地艺术对乡村振兴的作用——香港盐田梓与日本越后妻有对比研究[J]. 艺术市场，2022(10).

[81] 张琦，庄甲坤，李顺强，孔梅. 共同富裕目标下乡村振兴的科学内涵、内在关系与战略要点[J]. 西北大学学报(哲学社会科学版)，2022，52(3).

[82] 吴毅强，杜子. 平遥国际摄影大展、青年和艺术——从“中国青年摄影师推广计划”说起[J]. 中国摄影家，2022(1).

[83] 石大英. 乡村振兴背景下乡村文化旅游的财税政策研究[J]. 当代农村财经，2023(2).

学位论文类

[1] 邹静. 论苏童笔下的小城叙事[D]. 扬州大学，2012.

[2] 俞懿窈. 乌镇戏剧节与当地旅游的互动发展[D]. 上海音乐学院，2016.

[3] 厉建梅. 文旅融合下文化遗产与旅游品牌建设研究[D]. 山东大学，2016.

[4] 陈立. 从精神容器到开放场域[D]. 中央美术学院，2017.

[5] 赵俊利. 全域旅游视角下旅游小镇发展模式研究[D]. 上海师范大学，2017.

[6] 郭倩. 当代乌镇文化研究[D]. 上海师范大学，2019.

[7] 杨筱茜. 北京古北水镇旅游有限公司文旅项目开发运营模式研究[D]. 首都经济贸易大学，2019.

[8] 袁婕. 特色小镇建设中运用PPP模式的研究[D]. 西安电子科技大学，2019.

[9] 赵阳. 共生观念下艺术介入传统村落更新策略研究[D]. 中央美术学院，2020.

[10] 马樱滨. 从理念到实践：论元大都的城市规划与《周礼•考工记》之间的关联[D]. 复旦大学，2008.

[11] 申玉莹. 文化与旅游产业融合测度及其影响因素研究[D]. 山东财经大学，2022.

附　录

访谈人：徐忠义

被访谈人：张晓峰

时间：2023年2月18日

问题：如今，乌镇发展越来越成熟，是否存在"乌镇模式"一说？

在行业里面，"乌镇模式"已经被称呼了很多年，最早可追溯至2001年左右，当年，中国申报世界遗产，联合国科教文组织来乌镇考察，对乌镇的保护理念很认可，并希望乌镇把东栅改造的相关资料保留下来，以推广乌镇这一理念。虽然当时并没有明确提出"乌镇模式"这一概念，但要把乌镇的经验向全世界推广，那不就是"乌镇模式"吗？

后来发生了一件比较重大的事件——上海世博会，乌镇成为当时的重要案例，是古城保护、活化利用的经典案例。这是乌镇第一次在国际上露脸，也是第一次作为国家形象得到社会的广泛认可。

以上是两次在比较官方的层面上的亮相。后来，"乌镇模式"这一说法开始被行业的专家真正采纳，主要原因是乌镇闻名遐迩，旅游行业的很多专家都在研究乌镇的理念，因而这一概念就定型了。陈向宏有很多这种保护开发的理念，比如他提出的"修旧如旧"或者叫"修旧如故"，"完善基础设施，管线入地"，"保护它的整体风貌，活化利用"在当地非遗文化遗产上广泛运用，都被称为"乌镇模式"的一个重要组成部分。

所以，"乌镇模式"应该是存在的，但是这并不是说某个人定义的"乌镇模式"，或者某个机构定义的"乌镇模式"，而是最终被行业、大众公认的结果。

问题：有时开发与保护会存在一些矛盾，您如何看待乌镇的开发与保护之间的关系？

关键的问题在于采用怎样的方式开发。如果是以一种破坏式的方式开发，当然会存在矛盾；如果是以挽救式的方式活化利用，那就是在保护。

除了博物馆里收藏的文物不能随便动——以此进行保护，像人们居住的生活空间——街巷建筑要是不动，不去对它进行充分使用，那它会塌得更快，毁得更快。

我们可以看到大量旅游开发挽救古镇的案例，其中包括乌镇。因为当地需要做旅游开发这些古镇，所以就需要花费大量的钱去做保护和维修。故宫在搞旅游之前，好多建筑都残破不堪，后来故宫的很多房子都重新进行了很多次翻修，今天大家才能看到如此富丽堂皇的故宫。乌镇当年也面临同样的问题。20世纪80年代，随着改革开放的进行，工业发展非常迅速，但是旅游业的地位并不突出，甚至很多人对所谓的古镇保护是持有排斥心态的。

20世纪90年代后期，桐乡经济飞速发展，已成为全国百强县，大家都觉得我们工业这么强，但服务业却占比如此低，所以当时提出不光要成为工业强市，而且要做强做大服务业，那么从哪入手呢？当时觉得乌镇的资源禀赋是最好的，具备开发的价值，因而才有这样的想法去做，所以乌镇才免于被毁。

当年有些决策已经对乌镇的风貌造成了极大的破坏，就是在东栅和西栅之间修了一条河，当时是为了泄洪修的，如此就把东栅和西栅分开了。后来因为茅盾故居在1988年被评为全国重点文物保护单位，又修了一条新华路，一下子把东栅和西栅彻底破坏了，中间的连接处也遭到了破坏。

当年，这条河残败不堪，大家不仅在此洗菜、洗衣服，还要排便，雨污也不分流，还有猪、羊、牛等动物都是直接在马路上拉屎。从当时拍的那些老照片看，河水黑乎乎的。当时派陈向宏去乌镇担任管委会主任，开发东栅。后来陈向宏开始做雨污分流，给老百姓家里装马桶，不让他们去河里面倒粪便。自从陈向宏去了乌镇东栅之后，改变了原来脏、乱、差的情况，如此才保护了古镇。后来大家保护意识增强了，这对旅游业、服务业有着非常重要的意义。

当时陈向宏在做保护的时候有个观点，即整个古镇看起来要像古镇，而且要成片地开发，不能像当年周庄那样。周庄做开发的时候是边开发边保护，也就是说今天有点钱就修一片，明天有点钱再修一片。所以，它就像一个补丁跟着一个补丁一样，感觉局部挺好，但是有些地方还留着老百姓新盖的楼房，看着特别难看、特别别扭。因此，陈向宏提出要统一规划、统一开发，而且要一次性地把整片区域全部开发出来。当时他还拆了一个百货大楼，而以这样的方式开发就是为了更好的保护。

这几年一些专家还在提保护与开发矛盾的问题，一些专家讲过比较极端的例子，他们认为历史上留下来的东西是不能人为进行干涉的。比如长城城墙，现在风刮雨淋日晒，暴雨冲刷塌了，也不能动，因为这就是自然现象，去动了就干扰了历史遗迹自然发展的进程。这种观念是非常极端的。他们这个观点，我也不能说不对，但是这几年国内还是有越来越多的专家开始认可要对文物进行有效的利用。你看大量的文物，最后就是倒塌了，什么都得不到。这种现象比比皆是。国内有很多地方把一些重要的建筑，甚至是一些不同级别的文保单位拿出来开咖啡厅、餐厅、民宿什么的，就是对它们进行再利用了，反而是这些再利用，让古建筑街区焕发了新的生机和活力。

问题：您认为乌镇的开发可以分为几个阶段，以及每个阶段是否还留存有重要的规划文件？发展过程中是否有过危机？

1999年开始对乌镇东栅进行开发，2001年东栅开业。此后，陈向宏就开始着手第二期——西栅的开发保护，时间是2002年左右，一直到2006年底建完了雏形，2007年初正式开业。

下一个阶段应该是世界互联网大会的举办，另外一个节点就是乌镇戏剧节的举办。

世界互联网大会算是赋予乌镇商务会议这样一个功能属性，让它成为一个全世界知名的大型国际级别的商务会议举办的目的地，而且是永久会址。

乌镇戏剧节也是再一次把乌镇推向了国际，这是在文化艺术领域把乌镇推向另外一个国际舞台。

那么是否存在过危机？应该是没有特别明显的危机，但是艰难的岁月是有的。最难的可能是西栅刚刚开发的时候。那时候，因为这种模式第一次在国内采用，以前从来没有过整体的拆迁、安置。另外一个就是把民房收过来做民宿的时候。

周庄、西塘、南浔及江南其他几大古镇的开发，包括国内其他古城镇的开发都没有采用这种模式，陈向宏在乌镇西栅第一次采用整体保护开发的模式，所以争议也比较大，很多人不太理解，就觉得跟主流的学界观点是相冲突的。因为乌镇西栅是把老百姓迁出去了，东栅是没有迁出去的，很多人也有争议，认为没有居民就失去了它拥有的文化底蕴，就不是原汁原味了。

这个观点到今天还是非常主流的——符合我们的国情，因为国内现在99%的古城镇是有居民的。而乌镇是根据实际情况开拓了一种新的赛道、新的模式，其实当年这种模式是有一定背景的。陈向宏认为，中国在20世纪80—90年代甚至2000年初的时候，整个旅游市场的秩序并不是很好，拉宰客现象比比皆是。到今天为止，这种现象也没有完全消失，但是为什么乌镇里面就可以没有坑蒙拐骗、虚假价格之类的现象呢？这跟当年的管理开发模式直接相关，因为乌镇所有的商业都是由一个公司统一管理的。

另外，这种开发模式投资需求比较大，因此风险就变得很大，所以就很难得到同僚的支持。大家都觉得，你干了一个别人不认可的模式，还花这么多钱去做，通俗地讲，别人觉得你在瞎折腾。你可能既把这块给毁了，还变成了一个烂尾工程。当然，后来他也得到了省、市主要领导的认可。

景区建完了不可能立马就火，一开始收入也没那么高，而运营成本又很高。乌镇西栅建完之后，花了十几亿元，全是贷款，怎么办？所以后来引入战略投资者等。

我觉得当时最大的危机是，当一种新生事物出现的时候，大家都反对这个危机是最难的。

问题：乌镇是一座传统型的古镇，那么您如何看待在这座传统古镇中举行当代艺术展览、国际未来视觉艺术计划的？

其实这跟木心有一定的关系。木心曾经说过，欧洲的文艺复兴往往是从小镇开始的。他觉得一个小镇依然可以成为一个国际舞台，小镇是可以孵化出具有国际水准的艺术文化的，更不要说它本身也有很深的历史文化底蕴。所以说，陈向宏他自己也有很宽阔的国际视野，当时他提出中国乌镇，而没有叫桐乡乌镇、嘉兴乌镇，也没叫浙江乌镇。

他从做品牌的时候，就一直打造中国乌镇，说明当时他有这样一个国际化的视野和胸襟，他也有信心把乌镇做成一个国际一流品牌。在他的战略构想里面，如果他能把自己的作品称为中国乌镇的话，在这样一个小镇里面做当代艺术展和国际未来视觉艺术展，其实就觉得不奇怪了。因为它是一个面向国际的一流品牌，它是代表中国形象的品牌。那么，在这样一个宏大构想下去做当代艺术、国际未来艺术计划，应该就是顺理成章的事情了。加之木心的支持，这件事情就更应该操办了。木心是一位融合东西方文化的人物，他既有中国传统文人的深厚文化底蕴，又有国际的视野，他的作品本身也走向了全世界。

此外，还与陈向宏的一个梦想有关，他出生于乌镇的北栅，也算乌镇人，他就想在自己的作品里面实现让子孙后代不用出家门，就能在小镇上看到国际一流的展览，看到国际一流的博物馆、美术馆，看到一流的艺术作品。

问题：从2013年开始，乌镇就创办了国际乌镇戏剧节，当时是如何考虑要将这种艺术形式引入乌镇的，以及国内外反响如何？

这应该与陈向宏跟黄磊的结缘有比较大的关系。当年黄磊在东栅拍《似水年华》，跟陈向宏成为好朋友。

黄磊也很喜欢乌镇，所以跟陈向宏一直保持着很好的友谊。后来黄磊拍的话剧《暗恋桃花源》在上海演出时，他邀请陈向宏去观看。陈向宏以前对话剧没有太多的概念，他去之前觉得话剧这种东西应该是老年人喜欢的东西，结果他去了上海之后发现，里面坐得满满当当的，而且全是年轻人，年纪大的反而很少。他很惊讶，觉得跟他想象中的话剧不一样，所以这次旅行给他留下了非常深刻的印象。

后来他跟黄磊聊天的时候，黄磊提出来，你看能不能在乌镇演话剧。有了这个想法之后，他们开始探讨怎么把这些想法付诸实施。陈向宏觉得乌镇其实需要植入更多的文化内容，可以吸引年轻人。

你会发现社会大众对这种戏剧节有非常强烈的需求，而中国还缺一个这样的内容。中国以前有庙会，但是没有戏剧节，毕竟庙会还是民俗内容多一点，戏剧节更有调性，更能吸引年轻人，所以我觉得这也是他坚定信心要做这件事情的原因。通过4~5年的谋划，建成乌镇大剧院，开启了乌镇戏剧节。

国外很多人知道乌镇还真的是因为乌镇戏剧节。刚开始去爱丁堡戏剧节、阿威尼翁戏剧节参观的时候，人家根本不接待你。但是，后来我们自己办起来后，在国外引起了很大的反响。乌镇戏剧节把自己的剧目也输送到了爱丁堡。我们把中国的优秀作品输送到国外戏剧节，应该说用了三年左右的时间，也就是办了三届。乌镇戏剧节成为一个展示中国文化的窗口。就国内来说，也确实吸引了一大帮年轻人，他们每年到乌镇的时候，就把乌镇看成了一个艺术的圣地。所以，我觉得戏剧节起到了一个非常积极的作用！

问题：艺术介入城镇对当地居民的生活有哪些具体的影响？

以我个人的经历来说，我每年都以普通观众的身份参加戏剧节，跟周边的人交流，就发现有很多本地人。对本地老百姓来说，不需要像外地人那样做很长时间的准备工作，要提前订酒店或民宿、考察线路、订交通票等。"下午'刷'了一下票，看晚上还有票，买一张就来了"，应该说艺术成为他们生活的一部分是很自然而然的事，如此公共文化的属性在这里就体现出来了。

所以艺术以这种方式介入，一方面，为这个小镇引入了一件国际水准的一流作品，开拓了当地人的眼界和审美，让一个看似很普通的小镇居民也可以接触到大师的作品，提升了自己的鉴赏能力；另一方面，他们把这种文化艺术当成了自己生活的一部分，这当然也是当地的骄傲！

其实最受影响的是年轻一代，可以让年轻一代人内心认同乌镇所带来的文化价值，既成就了这一品牌的价值，也给了当地居民很大的文化自信，当他们说起"我是乌镇人"时，内心应该是非常骄傲的——我们有国际一流的博物馆、美术馆。这种文化艺术活动让你心中的自豪感油然而生。

问题：目前传统文化、艺术在乌镇的开发与发展如何？

乌镇从开发东栅、西栅时就在挖掘传统文化，比如恢复了当地的表演，如爬高杆船等。当地很多手工非遗，包括早市、承接宴会等，也得到了恢复。

因为传统文化这种东西，本来就是咱中国做古城镇、古村落保护的重要方面，大家都习惯性地感觉这是一个"标准动作"。乌镇开发时也是这样做的，所以从一开始就非常重视对当地传统文化的保护和挖掘，但是陈向宏很反感静态的开发和利用。

陈向宏参观了很多景区之后，对传统的静态展示方式是很排斥的。从他的内心来说，他是不愿意做这种东西的，他就想着如何活化地利用起来。比如乌镇的酱坊、铁器坊，他就做了几个功能区。比如酱坊，有真正发酵豆浆之类的环节，有生产演示，又有现场的手工体验DIY活动，还有产品的销售，因而就形成了对当地文化的解读。基本上是通过4~5个功能区，进行了现场的活化，而且可以深度体验，乌镇在国内旅游开发里是第一个这样做的。到现在为止，国内还有百分之八九十的地方仍然采用静态展示这种方法，就是收点农具，收点蒸锅笼屉，甚至收点蓑衣蓑帽，往墙上一挂，形成一个农具馆的效果。时至今日，这种方式在全国各地还非常普遍。

所以，在传统文化的保护和挖掘上，我觉得陈向宏开创了一种新的模式，而且这种模式在后来开发的其他项目中也得以沿用。比如，北京的古北水镇、贵州的乌江寨都遵循了对传统文化进行活化利用的思路，让这些项目与当代人的生活产生了深度的联系——把它转化成了文化体验活动，甚至是转化成了节庆活动，能让人进行深度体验。

附录 B　乌镇旅游数据汇总（2009—2022 年）

年份	2009—2022 年乌镇旅游人数 / 万人次	镇门票收入 / 亿元	乌镇生产总值 / 亿元	城镇居民人均可支配收入 / 元	农村居民可支配收入 / 元
2009	332.00	1.61	17.79	25 211	12 244
2010	531.69	2.80	18.81	28 397	13 850
2011	516.00	2.80	19.49	32 405	15 878
2012	600.83	3.43	22.87	36 591	18 312
2013	569.00	3.73	25.21	40 250	20 720
2014	692.35	4.78	28.40	41 438	23 010
2015	685.35	10.00	30.20	44 725	25 485
2016	758.96	13.00	33.15	48 020	28 305
2017	868.23	15.60	60.31	52 056	31 984
2018	806.82	17.62	64.57	56 707	34 886
2019	817.90	21.44	68.30	60 880	38 197
2020	266.04	7.82	71.67	62 379	40 358
2021	331.54	17.43	90.90	68 153	43 709
2022	108.34	无	101.53	70 286	46 509